经济学原来很有趣

16位大师的精华课

王文君　著

ECONOMICS IS VERY INTERESTING

THE ESSENTIAL COURSE OF 16 MASTERS

清華大學出版社
北京

内容简介

《经济学原来很有趣》是一本通过古今中外经济学大师之口，阐述经济学思想精华的图书。本书虚拟了16堂经济学大师之课，从16个方面解析经济学相关理论。在授课过程中，作者安排了读者与经济学大师们的互动交流，从而更好地帮助读者理解经济学内容。本书可以让读者在轻松愉快的氛围里，学会用经济学眼光看问题。渴望在欢乐气氛中学习经济学知识的读者，请一定不要错过此书！

图书在版编目（CIP）数据

经济学原来很有趣 : 16 位大师的精华课 / 王文君著 . —北京：清华大学出版社，2021.10（2024.8重印）

（大师精华课系列）

ISBN 978-7-302-58902-0

Ⅰ . ①经… Ⅱ . ①王… Ⅲ . ①经济学—通俗读物 Ⅳ . ① F0-49

中国版本图书馆 CIP 数据核字 (2021) 第 174131 号

责任编辑：刘　洋
封面设计：徐　超
版式设计：方加青
责任校对：王荣静
责任印制：杨　艳

出版发行：清华大学出版社
　　网　　址：https://www.tup.com.cn，https://www.wqxuetang.com
　　地　　址：北京清华大学学研大厦 A 座　　**邮　　编**：100084
　　社 总 机：010-83470000　　**邮　　购**：010-62786544
　　投稿与读者服务：010-62776969，c-service@tup.tsinghua.edu.cn
　　质 量 反 馈：010-62772015，zhiliang@tup.tsinghua.edu.cn
印 装 者：大厂回族自治县彩虹印刷有限公司
经　　销：全国新华书店
开　　本：148mm×210mm　　**印　　张**：9.375　　**字　　数**：210 千字
版　　次：2021 年 12 月第 1 版　　**印　　次**：2024 年 8 月第 3 次印刷
定　　价：89.00 元

产品编号：086712-01

经济学是一门研究生产、流通、分配、消费价值及规律的科学。经济学与自然科学和其他社会科学一样，都是对研究对象客观规律的研究，经济学的重要性在这里也可见一斑。

经济活动是人类特有的活动，学好经济学可以帮助人们创造、转化和实现价值；人类经济活动就是价值的创造、转化与实现，能满足人类物质文化生活的需要。

本书采用了虚拟课堂形式，精心选取了16位著名的经济学家，从经济学的16项基础概念入手，将晦涩难懂的经济理论与各种经济现象相结合，用通俗易懂的语言，深入浅出地解析经济学，并且力求做到细致全面。

如今，世界经济格局变幻莫测，各类经济现象扑朔迷离。专业的经济学术语晦涩艰深，让很多读者对经济学理论望而却步。

面对“经济学”这个庞大的科学概念，你是否感到茫然和迷惑？看到一系列经济学图表、公式和数据分析，你是否觉得无从下手？

其实，了解经济学并不难。经济学也可以变得妙趣横生。《经济学原来很有趣》就是这样一本通俗的大众经济学读物。

本书能够引导每一位读者入门，不管你对经济学是略知一二，还是零基础，本书都能让你从此之后面对经济学不再望而生畏。

本书包含了经济学基础原理、经济学常用术语、市场经济学、市场结构经济学、消费经济学、生产要素经济学、厂商经济学、宏观经济学、国际贸易经济学、金融经济、经济形势等内容，是一本很好的普及性读本。

当前，中国经济正面临着全新的形势，我们有责任针对新出现的经济问题，给读者作出进一步的解释，这是新形势下读者的需要，也是我们对经济学的延伸和拓展。

此外，本书还有以下六大特色：只讲经济常识，以实用性为主；采用课堂手法，讲解经济学知识；揭示有趣的经济现象；将经济学专业术语化繁为简；深入浅出地解析经济理论；配以图片，让读者更容易理解。

经济学是一门让人收获智慧与幸福的社会科学。经济学与人们的生活息息相关，无论是学习、工作，还是婚姻、消费、理财等，经济学知识和原理无处不在。

本书的重点不在于教授读者那些深奥的理论，或者让读者学习数学、图表之类的工具来分析经济问题，而是要逐步引导读者，用经济学家的思维去思考问题，用经济学方式去解决问题。

本书能让读者学会选择，从而做出正确决策，理性消费，感性生活。

读懂经济学，你的生活就能多一些保障，你的未来也会更加光明！经济学是聪明人的选择，请翻开本书，开始你的经济学之旅吧！

作者

2021年6月

王一是经济学专业大一新生。某天傍晚，他正和舍友聊天，一阵短促的敲门声打断了他们。

王一起身开门，看到一张陌生的面孔。他疑惑地问来人：“请问您找谁？”来者神秘地笑了笑，递给王一一张精致的卡片：“我这里有16堂课，一共16晚，每晚都会有一位大师来讲课，卡片只给有缘人。年轻人，要不要来一张？”

王一听完啼笑皆非，现在做推销都这么神秘了吗？他打算关上门。

陌生人赶紧拦住了他：“年轻人，机不可失，时不再来哦。这可是免费的。”

王一笑着对他说：“我可是学经济学的，

我知道，天底下没有免费的午餐，您还是去别的宿舍问问吧。”

陌生人又是一笑：“你就收下吧，就在学校的大礼堂。每晚12点准时上课，你绝对不会失望的。”王一将信将疑地收下了卡片。

到了晚上11：30，王一躺在上铺怎么也睡不着，他又拿出了陌生人给的卡片，翻来覆去地看着。

突然，王一从床上坐起来。反正也睡不着，干脆去看看！

他穿好衣服，推门溜出了宿舍楼，直奔大礼堂而去。晚上的校园黑漆漆的，安静得让人发毛，这让王一对课堂又产生了一丝疑惑。

推开大礼堂的门，里面已经坐了不少学生。门口的年轻人穿着中世纪的服装，面无表情地说：“你有卡吗？”王一赶紧掏出卡片，门口的年轻人侧身让王一过去：“快找个位置坐好，课程马上就要开始了。”

王一快走了两步，正要落座时，却见讲台上缓缓走来一位导师。只见他满头卷发，五官棱角分明，穿着英国古典服装，典型的西方人形象。

王一倒吸了一口凉气：“这不可能吧，难道是……他？”

目
录

第一章

配第导师主讲“利息”

本章通过五个小节，讲解威廉·配第有关“利息”的经济学内容。作者用幽默诙谐的文字，为读者营造出一种轻松明快的氛围，让读者能在愉悦的氛围中学习有关“利息”的经济学理论。

威廉·配第

（William Petty，1623 年 5 月 26 日—1687 年 12 月 16 日），英国古典政治经济学创始人，统计学家，被称为“政治经济学之父”。他率先提出了劳动决定价值的基本原理，并在劳动价值论的基础上考察了工资、地租、利息等的范畴，他把地租看作剩余价值的基本形态，他区分了自然价格和市场价格。其一生著作颇丰，主要有《赋税论》《献给英明人士》《政治算术》《爱尔兰政治剖析》《货币略论》等。

第一节　钱是可以自己赚钱的

“各位东方的学生们，我是来自英国的威廉·配第，大家晚上好。”威廉·配第教授挺了挺腰板，将右手放在胸前，给台下的同学们鞠了一躬。

王一没像其他同学那样吃惊，虽然他一眼就看出，台上那个绝对不是演员，但由于他接受能力很强，所以他并不慌乱。

待台下稍稍平静后，威廉·配第用文明杖敲了敲地板：“各位的反应跟我预想的差不多，当我知道这堂课是要上给21世纪的中国学生时，我也是十分惊讶的。”威廉·配第笑着向台下眨了眨眼睛。

在场的同学似乎很快接受了这个事实，纷纷拿出了笔和本子。王一什么都没带，他不由得有些后悔自己没早做准备。要知道，威廉·配第导师的课，可不是什么时候都能听到的。

转眼间，威廉·配第导师已经在黑板上写下一个问题：钱会自己赚钱吗？

看到这个问题，台下的学生立马开始了热烈讨论。王一听到有人说：“钱又没手没脚，自己怎么赚钱？当然是人在赚钱啊！”“钱要是会自己赚，还要我们那么努力干什么？”但是王一却隐隐猜到了什么。

威廉·配第导师看着台下交头接耳的同学，颇有些得意地说：“大家肯定都是一头雾水吧？钱怎么能生钱呢？但是大家别忘了，投资就是典型的用钱来赚钱啊！”

台下的同学恍然大悟。

威廉·配第导师接着说：“有些人觉得投资很复杂，一提到这个问题就晕头转向。什么基金、股票、债券，完全听不明白。其实说白了，这些投资就是在用钱生钱。”

这句话让王一想到电视剧《欢乐颂》里的一句台词：人生钱很难，钱生钱却很容易。看来，威廉·配第导师讲的就是这个道理。

威廉·配第导师接着说：“想让钱自己赚到钱并不难，只要坚持‘一个中心，两个基本点’的原则就可以了。”在场的同学包括王一都笑了，英国人竟然还懂中国特色社会主义基本路线的核心内容！

威廉·配第导师接着说：“这一个中心，就是以管钱为中心；两个基本点则是以生钱和护钱为保障。最贴近大家生活的钱生钱方式，应该就是利息吧？！”同学们纷纷点头。（如图 1-1 所示）

图 1-1　什么是利息

王一在学习经济学课程的时候，曾听自己的专业课导师讲过，所谓利息，就是指货币资金在向实体经济部门注入并回流时所带来的增值额。当时觉得这个解释晦涩难懂，所以留给王一的印象并不深。

而威廉·配第导师对利息的解释是：你把钱借给银行，银行支付给你的报酬。

王一自己也存钱，但银行支付给自己的利息很有限，指望那点儿存款大富大贵根本不现实，但毕竟聊胜于无。其他学生也是一脸若有所思的样子。

在礼堂的角落里，一个学生举手提出了自己的疑问："银行给我们支付利息，那谁给银行支付利息呢？银行会不会赔？"

威廉·配第导师对该生递去一个鼓励的眼神，说道：

"其实，利息不仅包括银行支付给你们的利息，也包括你们向银行贷款时缴纳的利息。早在封建社会甚至奴隶制社会时期，就已经存在着高利贷形式的钱生钱方法。当然，银行跟高利贷还是有很大差别的。"

说到这儿，聪明的同学已经猜到银行的赚钱方式了。威廉·配第导师接着说：

"你可以想象一下：如果银行不给你利息，你会存钱进去吗？你把钱存进银行，银行才有钱向别人放贷，要知道，贷款利息可是远远高于存款利息的。银行给你 2.5% 的利息，再用你的钱去放贷，贷款的利息可是在 5% 以上呢。"

威廉·配第导师转身在黑板上写下了利息的计算公式：利息 = 本金 × 利率 × 存期 ×100%。然后他转过身，一本正经地讲道：

"我把我的 50 万元存入银行，5 年定期，年利率是 4.8%。

我什么都不用干，我的 50 万元就会每月赚到 2000 元，每年就是 2.4 万元，5 年下来，就是 12 万元。这还只是普通的银行存息，有些利息甚至更高。这难道不是钱生钱最好的方式吗？”（如图 1-2 所示）

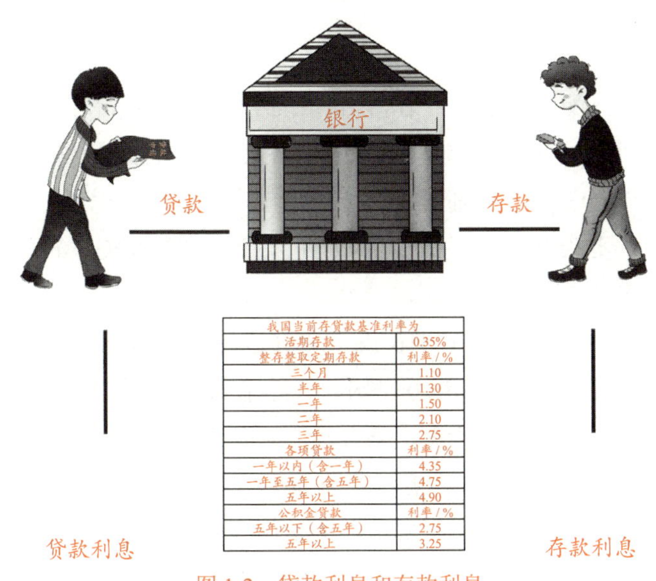

我国当前存贷款基准利率为	
活期存款	0.35%
整存整取定期存款	利率 / %
三个月	1.10
半年	1.30
一年	1.50
二年	2.10
三年	2.75
各项贷款	利率 / %
一年以内（含一年）	4.35
一年至五年（含五年）	4.75
五年以上	4.90
公积金贷款	利率 / %
五年以下（含五年）	2.75
五年以上	3.25

图 1-2　贷款利息和存款利息

大家都纷纷点头，利息果然是钱生钱的好方法啊。威廉·配第导师看到大家满面红光的样子，笑着说：

“一提到钱，大家的眼睛都开始放光了。但是先别急，我还有个问题要问大家。”他眨了眨眼睛对台下的同学们说道，“你们可知道，为什么诺贝尔奖的奖金永远都发不完？”

王一琢磨道，利息每年就这么多，诺贝尔奖怎么会永远也发不完呢？其他人也是一脸疑惑地看着彼此。

威廉·配第导师看着面露疑惑的学生们，狡黠地笑了笑：“这就是我下面要讲的内容——复利。”

第二节 可以让财富滚雪球的复利

威廉·配第导师一席话，让台下的学生有些摸不着头脑。“利息”这个概念大家都知道了，那“复利”又是什么呢？竟然能让诺贝尔奖的奖金永远都发不完？

王一也苦思冥想了良久，明明记得专业课导师提过的，怎么就是没印象呢？

威廉·配第导师似乎很满意大家这种困惑的表情，接着说道：“诺贝尔在全世界20个国家开办了约100家工厂，在弥留之际，诺贝尔立下了遗嘱，将自己的财产变作基金，每年用这个基金的利息作为奖金，奖励那些在前一年度为人类做出卓越贡献的人。大家记住，诺贝尔奖本金是3100万瑞典克朗。”

接着，他转身在黑板上写下这样一串数字：

1901年，奖金15万瑞典克朗；

1980年，奖金100万瑞典克朗；

1991年，奖金600万瑞典克朗；

1992年，奖金650万瑞典克朗；

2000年，奖金900万瑞典克朗；

2001年，奖金1000万瑞典克朗；

……

王一和大家一样，眼睛随着威廉·配第导师写下的数字越瞪越圆，不少学生都计算出，诺贝尔奖金发放的总额，早已远远超过诺贝尔遗产的本金数额。

威廉·配第导师笑着说："如果没有复利，诺贝尔奖早已不复存在了。1953 年，诺贝尔奖的资产只剩下 300 多万美元。加上通货膨胀的影响，这些钱只相当于 1901 年的 30 万美元。"

大家明知道诺贝尔奖并没有破产，但心还是不由自主地揪了起来，十分专注地看着威廉·配第导师。威廉·配第吊足了大家的胃口，满意地接着说：

"诺贝尔基金会的理事们求教于经济专家，用一种新的资产管理方式，一举挽回了诺贝尔奖的破产危机。不仅如此，到 2000 年之后，诺贝尔奖的总资产已经增长到超过 5 亿美元了。"

这时，王一听见有同学说："我知道了！您是想说经济学上的'72 法则'！"威廉·配第导师向那位学生投去赞许的目光，然后向其他学生解释道：

"'72 法则'，就是用 72 除以回报率，可以估算出本金增减所需的时间，反映出复利的结果。举个例子吧，假如你将投入 100 万元，年利率是 10%，那么，你的 100 万元增长到 200 万元，大约需要 72÷10，也就是 7.2 年时间。"

威廉·配第导师一边说，一边把复利计算公式写到了黑板上：$F=P(1+i)^n$。

"其中，P 就是我们的本金，也就是那 100 万元；而 i 则是利率，也就是 10%；n 为持有期限。"威廉·配第狡黠地眨了眨眼睛，"诺贝尔的财富真的很令人羡慕啊，而这也是利滚利最好的例证。"（如图 1-3 所示）

说到这儿，威廉·配第导师喝了口茶，满意地看着台下学生们瞠目结舌的样子。王一将威廉·配第导师的话好好消化了一番，才发现原来经济学这么有趣，难怪有这么多人都为经济学着迷。

威廉·配第导师补充道："复利最大的魅力就在于，它不仅是本金产生利息，利息也能产生利息，就像滚雪球一样，越滚越大。”

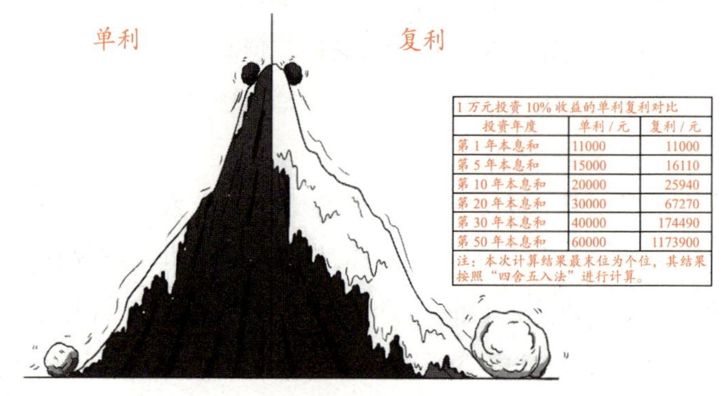

1 万元投资 10% 收益的单利复利对比

投资年度	单利 / 元	复利 / 元
第 1 年本息和	11000	11000
第 5 年本息和	15000	16110
第 10 年本息和	20000	25940
第 20 年本息和	30000	67270
第 30 年本息和	40000	174490
第 50 年本息和	60000	1173900

注：本次计算结果最末位为个位，其结果按照“四舍五入法”进行计算。

图 1-3　单利与复利对比

威廉·配第导师耸耸肩，轻松地说：“躺着也能挣钱，这是一件真事。其实你也有希望登上富豪榜。也许你们当中有人会问：我怎么不知道还有这种好事呢？因为，你不懂复利。”

很多人包括王一，大家都认为致富的先决条件是庞大的本金，其实并非如此。“不积跬步，无以至千里；不积小流，无以成江海”就是这个道理。说白了，只要懂得复利，一粒米也能变成大粮仓。

威廉·配第导师让大家思考了一下自己的话，然后说：“我出一个问题，考考大家是否真的听懂了复利这个概念：有两个人，第一个在 23 岁的时候，每年投资 1 万元，直到自己 45 岁，按照年复利率 15% 的收益增长；另一位在 32 岁才开始投资，他每年投资 2 万元，同样是 15% 的复利率。当二人都到 45 岁时，谁的钱更多？”

王一听到有些学生小声说“投资两万元的更多”，也有人说“先投资的人钱更多”，但更多的学生则是拿出笔和本，仔细地计算着二人的所得。

最后，大家纷纷给出了答案：先投资的人赚得更多。

威廉·配第导师满意地笑了："很好，看来你们都认真听讲了。先投资的人，在他45岁时，通过复利能得到约138万元，而后投资的人，到他45岁时只能获得68.7万元。这就是复利的时间力量。"

这个问题让王一想到了自己的姐姐，她也是早早就搞投资赚利息，拿了家里的100万元做抵押理财，年利率是10%，一年后，对方付给他姐姐110万元。然后，他姐姐又拿110万元继续做理财，依旧是10%的年利率。

第二年，这110万元的利息变成了11万元，本息加起来是121万元。七年后，他姐姐的理财本息已经达到了194.8万元，接近最初本金的两倍。第12年的时候，她的本息已经达到了314万元，是最初的3倍多，这就是复利的魅力。

威廉·配第导师打断了王一的回忆，接着对大家说："5万元，相信每个家庭都会有这些储蓄。如果将这5万元投入到一项每年获10%利率的投资上去。按照复利计算，30年后，当初的5万元资产将变成：$F=50000\times(1+10\%)^{30-1}$，也就是将近80万元。这难道不诱人吗？"

威廉·配第导师的例子，让台下的学生们两眼放光，也让王一想到了爱因斯坦的一句话："宇宙间最大的能量是复利，世界的第八大奇迹是复利，复利的威力比原子弹更可怕。"

"当然了，经济学是聪明人的游戏，复利的确是暴利，但是，"威廉·配第导师笑着说，"作为我的学生，你们可一定要分清暴利和伪装成暴利的骗局，如果你们被传销集团骗去，可不要说是我的学生哦。"

王一和其他学生立马要求道："导师，快给我们讲讲经济学里的骗局吧！传销到底是怎么回事呢？"

第三节　利用高回报设置陷阱的庞氏骗局

威廉·配第导师看着台下起劲的学生们，笑着敲了敲手中的文明杖：“我想问各位，有谁知道庞氏骗局吗？”

王一仔细回忆了一下，这个词好像在哪里听说过，噢！对了，在专业课本后面，有一幅图是什么来着……“金字塔骗局！”王一不禁脱口而出。威廉·配第导师向王一投来赞许的目光。

“没错，庞氏骗局就是金字塔骗局的最初模型。”

威廉·配第导师在黑板上画了一幅图。最上面一层画了 1 个小人儿，写着“第一代投资者”；第二层画了 2 个小人儿，写着“第二代投资者”；第三层画了 4 个小人儿，写着“第三代投资者”。（如图 1-4 所示）

图 1-4　庞氏骗局

他说：“庞氏骗局是对金融领域投资诈骗的称呼，主角是一个意大利投机商人，叫查尔斯·庞兹。他移民到美国后，便着手策划了一个骗局。”

“他没花自己一分钱，就在经济瘫痪的美国骗到了 1500 万美元。”威廉·配第导师耸耸肩，“他靠着这笔钱住上了豪华别墅，买了一百套西装，他的几十根拐杖都是纯金镶宝石的，甚至连烟斗上都镶满了钻石。”

王一和其他学生的注意力立马被威廉·配第导师的故事吸引住了，仿佛一个穿金戴银的骗子就在自己眼前。学生们纷纷催促导师：“后来呢？”

威廉·配第导师笑了笑：“后来他当然破产了，因为他根本不懂经济，他的 3 万名随众也不懂经济。”王一的好奇心简直要冲破胸膛了，其他学生也是满脸期待，纷纷发言：

“这个查尔斯·庞兹到底用了什么方法呢？”

“这个骗局跟传销又有什么关系呢？”

威廉·配第似乎很满意，因为大家都在跟着自己思考。于是他笑着喝了口红茶，继续说：

“他只是虚构了一个投资项目，并且把这个项目搞得很复杂，让一些门外汉根本听不懂他在说什么，但又觉得这个项目很厉害。但得逞的关键是，他向投资者许诺，三个月内就可获得 40% 的利润，用高额的回报来诱使投资者进行投资。”

威廉·配第导师指着黑板上的图，继续说道：“当然，一开始的高回报是存在的。因为狡猾的庞兹把新投资者的钱当作快速回报，付给最初投资的人，借此诱使更多的人上当。由于庞兹付给第一批投资人的回报丰厚，所以他用短短七个月时间就吸引了 3 万名投资者。”

王一听明白了，所谓“庞氏骗局”，本质上就是利用人对于高额利息的追求，玩了一招拆东墙补西墙，“空手套白狼”的把戏，用创造利息赚钱的假象来骗取更多的投资。

威廉·配第导师摊手道："其实，这个骗局很容易被识破，只要你稍微懂点经济，就完全不会上当。因为这个世界上不可能存在高额但没有风险的利息收入，但不幸的是，因为大众缺乏经济学知识，很多非法的传销集团还能继续用这一招聚敛钱财。因为大众从不会反问自己，这个世界上怎么可能有零风险的高利息收入呢？"

王一想到了最近电视上曝光的传销骗局，果然跟"庞氏骗局"的操作手法如出一辙。只是，中国的传销骗局更多利用人们的感情，让受害者的亲戚朋友与受害者取得联系，通过拖亲人下水的方法，挽回自己的损失。

威廉·配第导师有些苦恼："懂经济学的人都知道，天上不可能掉馅饼，地上到处是陷阱。没有产品，没有可行的方案，甚至连一个正式公司都不算，你怎么敢把钱投到这样的地方呢？"

传销就是"庞氏骗局"的衍生版，很多搞传销的人都在鼓吹"投资零风险"，这个世界上怎么可能有零风险的投资呢？就像威廉·配第导师说的那样：

"如果有人告诉你'来投资我们的产品，我们是零风险投资，并且利润高得吓人'，那你一定要拒绝，因为这绝对是个骗局！记住：有收益，就一定有风险。"

查尔斯·庞兹用邮政票据就能吸引来上千万美元，上万名随众，这在威廉·配第导师看来十分荒唐，也十分无奈，骗子得逞的原因就是受害者的无知。

王一和在场的很多学生都看过关于传销的报道，他们知道，传销团伙最初实行的就是"三不谈"，即不谈公司、不谈理念、不谈制度。总之，他们不会告诉你传销的真相，只给你抛出一个甜蜜的诱惑。

如果你资产很多，或者你亲朋好友很多，你就有可能成为骗局中的第一代、第二代投资者。骗子会给你一笔收益，让你觉得他们是可以信任的，觉得这个“项目”是稳赚不赔的，然后诱使你再把更多的钱投到骗子的腰包。

“在美国，很多人都被‘庞氏骗局’骗得倾家荡产，在中国又何尝不是呢？”威廉·配第导师有些不忍地说，“多少原本美满的家庭，都因为陷入传销骗局而支离破碎。其实，只要他们懂一点经济学知识，这种悲剧完全可以避免！”

威廉·配第导师摆摆手，似乎也不愿意让气氛沉重下去，他换了轻松明快的语气：“沉重的事情就讲到这里，让我们还是回到利息上吧，要知道，计算利息的方式不同，结果可是大相径庭的哦。”

王一和其他学生听到利息，立马振奋了精神，纷纷拿出自己的纸笔，准备跟这位经济大家再学点赚钱的本领。

第四节 计息方式不同，结果令人震惊

威廉·配第导师首先给学生们提了一个问题：“有谁知道计息方式有哪几种？”

学生们都毫不犹豫地说出了答案：“有复利！”“有银行的单利！”威廉·配第导师满意地说：“看来大家都在认真听我讲课，我很高兴，谢谢大家。但是，我要告诉你们，计息方式其实有三种。不，准确地说，是有六种。”

虽然王一是学经济学的，但毕竟还是个新生，他也只知道单

利和复利这两种计息方式，那剩下的几种方式是什么呢？

威廉·配第导师看出了学生们的疑惑，也不卖关子了，他在黑板上写了三个词：单利、复利和年金。

王一心想：单利和复利我知道，这个年金又是什么呢？没等他想完，周围的学生便开始议论纷纷："这不是三种计息方式吗？""年金是什么呢？"

威廉·配第导师在大家的疑惑声中，转身又在黑板上加了几笔。

他在单利、复利和年金下面分别加了"现值"和"终值"两个词，然后又说："年金，就是你定期或不定期的现金流，比如分期付款、分期还贷、养老金、租金等都属于年金形式。参与年金计划也是一项很好的投资安排。"

王一最初是不太了解年金的，但是他知道养老金，养老金源自于自由市场经济较为发达的国家，是公司老板出于自愿而建立的员工福利计划。每个月缴纳一定的金额，用于保障工人退休后的基本生活需要。

提供年金合同的金融机构一般为保险公司。年金终值包括各年存入的本金相加以及各年存入的本金所产生的利息，但是，由于这些本金存入的时间不同，所以产生的利息也不尽相同。

威廉·配第导师神秘一笑，对台下的同学说：

"当然，年金是一种很好的投资方式，但这并不是我们的重点。我要教给你们的是——"威廉·配第导师指了指黑板上的两组词："终值和现值。有人知道终值和现值分别是什么吗？"

王一被问住了，他看到其他学生也是一脸迷茫。自己对终值还有点印象，因为上次跟家里人去银行做理财，隐约听银行的人讲起过。

威廉·配第导师似乎很喜欢大家迷惑不解的样子，于是笑着说：“终值其实很简单，就是指现在某一时点上的一定量现金折合到未来的价值。也就是你投入资金的未来价值。”

威廉·配第导师看大部分学生还是一脸迷茫，进一步解释道：“举个例子，大家都会去银行存钱吧？假如去银行存 1 万元，利息是 1%，那么 1 年之后，你的本息加起来大约是 1.01 万元，这 1.01 万元就是终值。也就是俗称的‘本利和’。”

王一恍然大悟，原来终值就是本息相加的数字。那现值呢？

威廉·配第导师仿佛看出了王一内心的想法，接着讲道：“现值比终值要稍微复杂一点，但也很好理解。就是指未来某一时点上的一定量现金折合到现在的价值。我也给各位举个例子来说。”

他拿起自己的红茶杯，说：“假如这是我的一套房产，我想把它出租出去，为期 20 年。但我不知道它现在值多少钱，我就可以用现值的概念，把它未来 20 年的租金收入，折算成今天的价值。”

“再比如说，一位雇员面对两个退休金方案的选择。”威廉·配第导师放下红茶杯说，“方案 1：一次性收取 100 万元现金；方案 2：在退休日起每年收取 10 万元自动转账，直至第 12 年。这位雇员所考虑的，就是现值问题。”

威廉·配第导师笑着说：“现值的概念非常有用。有的经济学家用它来计算财富，有的经济学家用它来计算能量消耗。现值还有一个有趣的用途，就是来确定彩票中奖金额究竟价值多少。”

他举了一个关于彩票的有趣案例：

美国加利福尼亚州政府通过广告宣称，自己有一项彩票的奖金高达 100 万美元，但不会一次性发放。加利福尼亚州政府承诺，在 20 年内，每年付给受奖者 5 万美元。那么现在这个 100 万元就不是真正的 100 万元了，我们按贴现率 10%，且每笔奖金可以按时到账来计算，这笔奖金的现值也只有不到 47 万美元。

威廉·配第导师一笑：“我们使用贴现值来计算，未来的 1 元钱和现在的 1 元钱有什么差异。如果贴现率是 5%，那就意味着 1 年后的 105 元，只相当于现在的 100 元，或 100 元相当于现在的 95.24 元。”

威廉·配第导师笑着对台下的学生们说：“现在，各位都知道了计息的种类。我想说的是，计息方式不同，结果当然也就大相径庭。”（如图 1-5 所示）

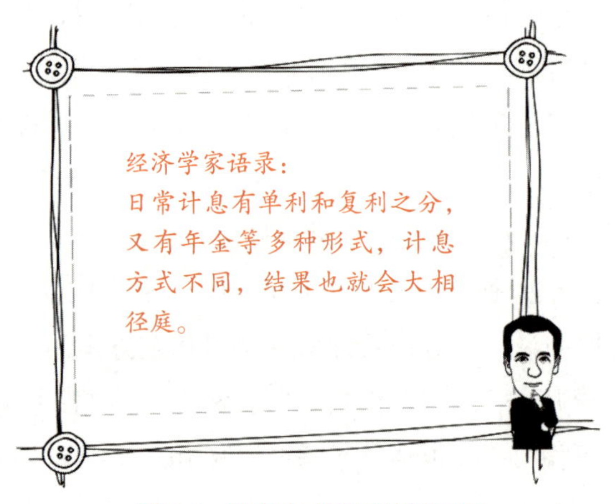

图 1-5　计息方式不同结果不同

他给在场的学生们举了个例子：有人在两家不同的银行分别办了为期三年的 10 万元存款业务，两家银行的年利率都是 3%，可存款到期后，他发现第一家银行的利息比第二家银行少了 300 元钱。

第一家银行给了他 9000 元的利息，而第二家银行则给了他 9300 元的利息，他为此感到很纳闷儿。后来经过计算存款协议才发现，第一家银行是 3% 年息但到期一次性计算利息，所以 3

年的总利息就是 9%，第二家银行是 3% 年息，每年计息转存，3 年的总利息就是 9.3%。

其实，这就是因为银行计算利息的方法不同而导致的结果不同。

这两种计息方法不同，但都是正确的方式。采用不同的计息方式，所获的收益就会不同。

威廉·配第导师笑了笑，说：“大家都说学经济学的人聪明，这句话是没错的，学一点经济学真的很重要。它能帮你增加财富，还能让你避免上当。”

威廉·配第导师向台下的学生们眨眨眼：“有谁还记得，我在讲庞氏骗局时提到的一句话？有收益就——”

“一定有风险！”同学们异口同声地回答道。威廉·配第导师很满意地笑了：“很好，下面我就来给大家讲讲，为什么有收益，就一定有风险。”

第五节　利息和风险收益理论

威廉·配第导师打趣道：“我讲传销内容时，曾说如果你们当中有谁被‘庞氏骗局’骗到，就不要说是我的学生。大家都还记得吧？”

王一和其他学生纷纷表示记得，威廉·配第导师向王一的座位望去。

“我听我的小朋友说，有位学生在接受课程卡片时说过，天下没有免费的午餐，对吧？”威廉·配第教授笑着看向台下。王一有点不好意思地挠挠头。

威廉·配第教授却鼓起掌来，大声说："我要给这位学生鼓掌，因为天下确实没有免费的午餐。我在之前讲到的种种收益就是一块巨大的蛋糕，但你背负如此巨大的蛋糕，也是要承受重量的。"

王一听到风险，立马挺直了腰板，别的学生也是一副正襟危坐的样子。

威廉·配第导师先在黑板上写下了一个公式：$K_j=R_f+\beta_j(K_m-R_f)$。这个公式是衡量收益与风险关系的一个基本公式。

在这个公式中，资产的期望收益率为 K_j，风险系数为 β_j；K_j 随着 β_j 的增大而提高，随着 β_j 的减小而降低。

威廉·配第导师说："相信这个公式大家都明白，简单来说，就是收益和风险价值具有对称性：风险越小，收益越低；风险越大，收益越高。这就是风险收益均衡原则。"（如图 1-6 所示）

图 1-6　利益与风险

这一点王一深表赞同。如果想获得巨额收益，就必须勇于承担巨大风险。

但威廉·配第导师却又无奈地摊手道："当然，这个公式是不可逆的。我只能说，高收益一定是高风险，但高风险却并不一定是高收益。因为风险是不可预见的，有时，高风险甚至会造成致命的损失。"

王一想，这就是要我们敢于冒险，同时还要善于冒险啊！

"需要注意的是，我们计算利息时，利率也是经常变动的。"威廉·配第导师说，"这也是风险的一种。当利率提高时，就会让筹资成本增大。"

威廉·配第导师告诉大家：在筹资过程中，筹资的风险可以用财务杠杆系数来衡量。也就是说，财务杠杆系数越大，筹资风险越大，风险越大，则收益就越大；反之，财务杠杆系数越小，筹资风险越小，收益也越小。

威廉·配第导师说："不同的人，对风险的态度也不同。因此，他们在资本结构中放的资金比重亦不相同。承担的风险不同，获得的收益就不一样。"

这一点，也让台下的学生们频频点头。确实，对于那些财务实力很强、环境适应能力较好的理财者来说，他们可以适度提高筹资中的财务杠杆系数，从而获得更多的风险收益。

"所以，理财者要关注利率的变动，这也是利息和风险收益理论联系最大的一点。"威廉·配第导师换了一种严肃的语气，"此外，我还看到中国有不少企业，其资本结构中的负债比重偏大，超过了其所能承受的范围。它们面临的风险很大，急需调整。"

威廉·配第导师敲了敲文明杖，强调道：

"在投资时，一定要权衡收益与风险。一定要从自身实际出发，钱多可以多投，钱少就要少投。看清风险，再做投资，这才是一个聪明人应该有的经济头脑。我经常见到很多人，都是因为投资不善，从千万富翁变成了一贫如洗的乞丐。”

“但，需要注意的是，风险这股力量虽然可怕，但如果驾驭得好，就能让个人甚至一个国家迅速地富有、强大起来。”威廉·配第导师耸了耸肩膀，“学经济学的人都知道，美国之所以如此快速发展，跟其风险投资是密切相关的。”

台下的学生们听见威廉·配第导师如此说，不由得又两眼放出金光来。威廉·配第继续说道：“美国有一大批优秀的企业，比如微软、雅虎、英特尔，这些企业的崛起都得益于风险投资的支持，硅谷就是风险投资创造高科技的典范。”

王一知道，现在中国在经济方面也加快了风险投资的发展，但要搞好高风险高收益的风险投资，还要从学懂经济学做起啊。台下其他同学也是一脸若有所思的样子。

威廉·配第导师一笑：“相信大家都惊叹于风险投资带来的高收益，也担心高收益所带来的高风险。其实，风险和收益就是对等的。大家知道做什么来钱最快吗？抢银行啊！所以抢银行也是风险最大的，被抓到就完蛋了。”（如图 1-7 所示）

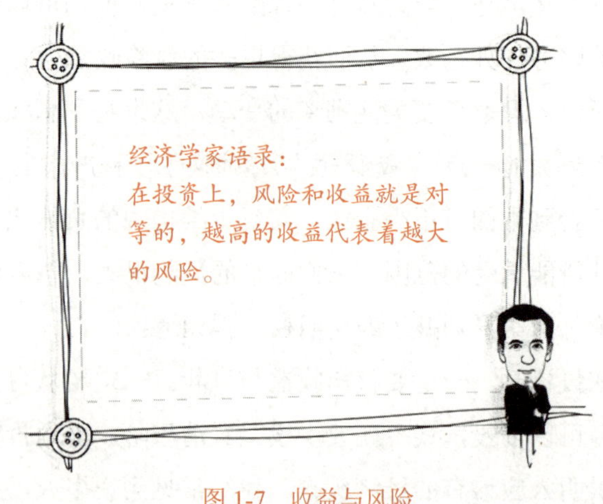

图 1-7　收益与风险

威廉·配第狡黠地眨了眨眼，大家哄堂大笑起来，气氛也变得轻松明快。威廉·配第导师说，他有三招，能让大家避免陷入债务泥沼。

第一，培养风险意识，杜绝侥幸心理。在经济圈中有一句话，叫作“投资有风险，理财须谨慎”。在投资理财的各个环节中，风险与收益始终同在，对待风险要谨慎。

威廉·配第导师说：“不少理财者在利益蛋糕的甜美诱惑下，经常选择忽视或轻视风险的存在，为此遭受不应有的损失。理财一定要从自身财务实力和能力水平出发，如果一味贪快，总想赌一把，肯定会背负巨大损失。”

第二，直面风险显示，控制投资风险。投资的过程并不只是“投钱—赚钱”这么简单，而是包括了项目开发、论证评估、决策、计划、实施和结果评估等过程，其中，决策是关键。要杜绝个人不懂经济规律，只会拍脑袋做决策的做法。

王一知道，中航油巨亏事件就是典型的一例。管理者个人凌驾于公司内部监督和风险控制制度之上，不懂经济，独断专行，最后把公司搞得一蹶不振。

第三，预见风险，挑战风险。风险确实蕴含着危机，但更孕育了无限的收益。把钱存入银行，吃活期利息的确很平稳，但普通人存一年的利息还不够一顿饭钱。所以要敢于并善于挑战风险，挑选更适合自己的投资方式。

威廉·配第导师说：“理财者要善于学习，提高理财水平和迎接风险能力。要预见未来可能面临的危机和风险，并为此采取有效的预防措施。”

“这些，就是我本次课程的全部内容。”威廉·配第导师率先在台上鼓起了掌："你们是我带过最有灵性的学生，我的课程很成功，也请你们给自己鼓个掌！"

王一和其他学生纷纷报以雷鸣般的掌声，给自己，也给台上这位经济学大家。威廉·配第导师就在这雷鸣般的掌声中，对台下的学生们鞠了一躬，走向了幕后。

第二章
斯密导师主讲“分工”

本章通过四个小节，讲解亚当·斯密的经济学精髓。作者使用幽默诙谐的文字，为读者营造出轻松明快的氛围。让读者能在愉悦的氛围中学习有关“劳动分工”的经济学理论。

亚当·斯密

（Adam Smith，1723年6月5日—1790年7月17日），经济学主要创立者，经济学鼻祖。世人尊称亚当·斯密为“现代经济学之父”和“自由企业的守护神”。

亚当·斯密的核心经济学思想主要有三点：

第一，他提出了经济的发展是由“看不见的手”——市场来引导的，提倡自由竞争，反对政府干预。

第二，从人的本性——利己动机出发，论述了利己主义是人的一切经济行为的动机。

第三，提出劳动分工是提高效率的关键，提出了劳动价值论，第一次明确提出价值和使用价值的概念。

第一节 绣花针、流水线和产业分工

王一听了威廉·配第导师的课程后，就一直盼望着下周六夜晚的到来。威廉·配第导师关于“利息”的知识让王一在专业课上好好地活跃了一把。

周六晚上十一点半，王一带着笔和本子出现在学校的大礼堂里。“今天会是哪位导师来讲课呢？”王一心里暗想，随即又笑了，唉，不管是哪位导师来讲课，都不会再比威廉·配第导师震撼了吧。

他一边在座位上转着笔，一边等候着十二点的深夜课程。

等到礼堂被学生们坐满后，台上的灯光亮了起来。王一不由得坐直了身体，准备迎接新导师的上场。

在礼堂的灯光下，缓缓走上来一位老人。他满头白发，额头很宽，鹰钩鼻上是一双锐利且精明的眼睛。上场后，老人挺直了腰板，绽开一个和蔼的微笑。

噢，天啊！竟然是……王一的脑子混乱了。他只听见其他同学兴奋的声音：“天啊，是亚当·斯密！”

这到底是一个什么样的课程，竟然能让学生们倾听亚当·斯密本人的授课。即便是经济学的门外汉，也知道亚当·斯密和他的著作《国富论》。

王一第一次接触《国富论》，还是在高中的历史课本上。他记得正是亚当·斯密“看不见的手”促进了资本主义经济的发展。

他怎么都没有想到，自己竟然真的有机会倾听亚当·斯密导师本人的课程！

等台下平静下来后，亚当·斯密导师开门见山地说道：“我有一个问题，想问问中国的学生，财富的源泉是什么？”台下的学生们收起了自己的惊讶，开始认真地思考这个问题。

王一记得，在《国富论》的序言中有这样一句话：“一国国民每年的劳动，本来就是供给他们每年消费的一切生活必需品和便利品的源泉。”于是王一脱口而出道：“是劳动！”

亚当·斯密导师双手一拍，笑着说：“早就听威廉·配第先生说，中国的学生很聪明，果不其然。那么，我是不是可以这样说：‘既然劳动是财富的源泉，要想增加财富，就得提高劳动效率或增加劳动数量？’”（如图 2-1 所示）

图 2-1 劳动是财富的源泉

王一点点头，其他学生也是一脸赞同。亚当·斯密导师回忆道：“我那个年代，正处在资本主义上升时期。无论是国民还是政府，对于财富的渴望都是空前的强烈。所以，提高劳动效率就显得极为重要。”

亚当·斯密导师说：“就在我为如何提高劳动效率发愁时，却发现一家只有10人的绣花针厂里，每天竟能生产48000枚扣针，平均每人生产4800枚！”

学生们一脸疑惑，一家工厂，每天生产48000枚扣针很难吗？

亚当·斯密导师看出大家的疑惑，于是耐心解释道：“生产一枚绣花针，需要经过18道工序。如果让工人各自独立完成全部工序，一个工人自己操作一天甚至不能完成1枚。”

“那么下面，各位就应该知道我今天讲课的内容了吧？”亚当·斯密导师笑着问道。台下的同学都笑了，纷纷回应道：“您是要讲分工的重要性！”“分工更能提高劳动效率，创造财富！”

亚当·斯密导师赞许地点了点头：“一个劳动者，如果没有受过岗位训练，又不懂怎样操作机械，那么，即便他竭力工作，一天也造不出一枚绣花针。但按照分工的方法，每人每天就能造出4800枚绣花针！”

亚当·斯密导师双手比画着：“分工能使某个职业分成若干部门，还是拿绣花针厂做例子：一个人抽铁线，一个人拉直，一个人切截，一个人削尖，一个人磨圆头，一个人涂色，一个人包装……这样，可以将扣针的制造分为18道工序。”

“有些工厂让18名工人各司其职。当然，有时也需一人身兼多职。”亚当·斯密导师笑着说，“我见到的这家小绣花针厂，只雇用了10个工人，如果他们勤勉努力，每人每天能制针4800枚。”

王一不由得点点头，这就是分工的重要性。分工不但能让劳动更专业化，而且能够提高劳动力的熟练程度，提高劳动效率，最后带来的是财富的增长。

亚当·斯密导师告诉学生们，分工带来的效率是大家有目共睹的，但分工为什么能够带来生产效率提高呢？其原因有三点：

第一，工人因从事专业性更强的工作，其技巧也与日俱增；

第二，从一道工序转移到另一道工序，通常会损失大量时间。有了分工，工人就可以保持效率，免除这种损失；

第三，很多简化工人劳动量、缩减工人劳动时间的机械发明，都只能在分工的基础上实施。

亚当·斯密导师笑着说："在工厂里，还有一点能够体现出分工的重要性，那就是流水线。"

王一上小学时，学校曾组织他们去工厂参观，所以他知道，流水线工作就是将那些重复的工作分割成单一工作，流水线上的每个工人只需要做好自己负责的那部分工作即可。（如图 2-2 所示）

图 2-2　工厂的流水线

亚当·斯密导师说："流水线是指工厂里的生产线。流水线上，每个工人所负责的工作都不相同，但却紧密相连。负责上一道工序的工人做完自己的工作后，就直接丢给下面的工人，然后这样一直传下去，直到这条流水线结束为止。"

亚当·斯密导师举了个例子："1769年，英国人乔赛亚·韦奇伍德开办了一家陶瓷工厂，在工厂中，韦奇伍德实行了精细的劳动分工，他把原来由一个人完成的制陶流程分成几十道专门工序，再指定专人完成不同的工序。

这样一来，传统意义上的'制陶工'就不存在了，"亚当·斯密导师耸了耸肩，"存在其工厂中的只有挖泥工、运泥工、制坯工等。制陶匠人变成了制陶厂的工人，他们必须按固定的作息时间劳动，并服从工厂的劳动管理。"

韦奇伍德的这种工作方法已经完全可以定义为"流水线"了：

第一，在流水线上布置多种工位，可以整合生产工艺，满足生产需求；

第二，可以根据具体产品，设计符合生产需求的流水线；

第三，节约工厂生产成本，甚至可以压缩工人数量，且投入低廉，回报率高。

王一知道，著名的福特汽车创始人福特先生，也是因为将传统的生产车间改为流水线生产车间，从而大大提高生产效率，降低了生产成本，继而在竞争中击败对手，在一个时期几乎占据了汽车市场的半壁江山。这种流水线作业正是分工理论在生活中的应用。

亚当·斯密导师笑着说："大家都知道了分工的重要性，那有谁知道，是什么推动了社会经历向前跃进吗？"

在学生们热烈的讨论声中，亚当·斯密导师在黑板上写下了一行大字：人类历史上的三次社会大分工。

第二节　大分工是社会推动力

写下这一行字后，亚当·斯密导师对台下恍然大悟的学生们笑着说道：

“我认为，交换是人类与生俱来的能力。早从原始社会开始，人们就为了满足自己的需求学会了‘物物交换’。经济在此基础上不断发展，出现了商品交换，进而有了社会的更替。之后，资本主义才登上了历史舞台。”

亚当·斯密导师告诉大家：

第一次社会大分工让畜牧业从农业中脱离出来。在第一次社会分工后，人类社会出现了私有制，社会出现对立阶级，人类进入奴隶社会。

第二次社会大分工让手工业从农业中脱离出来。在第二次社会分工后，交换的概念出现了，最早的一般等价物——货币出现，极大地推动了社会经济发展。

第三次社会大分工实现了商业的分离。商品交换发展到一定时期，就出现了专门从事商业的商人。商业的出现使社会财富分配出现不均，阶级对立更为严重，但商业又促进了社会发展，提高了社会生产力。

亚当·斯密导师说：“其实，分工的起源主要还是因为每个人的才能都不一样，具有自然差异，这也就决定了分工必然符合每个人的利益。专业化能提高生产力，促使个人增加财富，如此一来，社会生产也将扩大，进而促进了社会繁荣，推动了社会发展。”

“我最早提出了分工论，在当时起到了很重要的作用，”亚当·斯密导师挺了挺胸脯，骄傲地说，“因为分工可以提高效率，所以福特汽车的创始人就把生产一辆车的时间分成了8772个工时。分工成为统治企业管理的主要概念。”

王一连连点头，暗想道：没错，我刚才就想到了福特汽车的例子。看来分工真的是社会的推动力，也是经济的推动力。

亚当·斯密自豪地开玩笑说：“我关于分工的理论，对于经济发展起到了十分重要的作用。后来的专业分工、职能分工和社会分工等理论，都和我的学说有‘血缘关系’，在经济活动中，分工真的是很重要的事。”

台下的学生们纷纷报以友好的微笑。亚当·斯密导师继续说：“我以前说过这样一句话：请把我想要的物品给我吧，同时，你也可以获得你所要的物品。”

因为每个“理性的人”都有利己主义。每个“理性的人”的利己主义，又必然被其他人的利己主义所限制。这就迫使每个人都要顾及他人的正当利益，由此产生了社会利益。可见，分工就是社会最大的推动力。

王一知道，亚当·斯密的话正是所谓的“经济人观点”，也就是整个资本主义的理论基础，“胡萝卜加大棒”的管理方式便是在这种理论基础上产生的。

亚当·斯密导师把分工看作社会进步的标志，他告诉学生们：“在一个经济较为发达的社会中，能让最底层人民普遍富裕，各行各业的产量都有提高的只有分工。”

亚当·斯密导师情绪有些激动，他说：“如果没有成千上万的人的帮助和合作，即便是一个文明国家中最厉害的人，也不能取得其日用品的供给。只有分工，才能让所有人各司其职，推动社会发展！”

王一被亚当·斯密的热情感染了，其他学生也不由得热血沸腾。亚当·斯密手舞足蹈地说：“引出这些利益的正是分工！人类智慧的结晶之一就是互通有无，物物交换，互相交易。这正是分工给社会带来的推动。”

王一明白，分工是由交换引起的，而分工的程度，也要受交换能力大小限制的。说白了，就是交换必然受市场范围的限制，所以亚当·斯密导师又给学生们提到了市场。

亚当·斯密导师比画着说：“如果市场太小，就不能满足人们一生专其一业的需求。在这种状态下，工人就不能用自己消费不了的劳动剩余部分，随意换得自己需要的别人的劳动生产物的剩余部分。”

王一和其他同学听得一头雾水，亚当·斯密导师笑着解释道：“比如，我现在是一个玩具厂的生产工人，玩具就是我的生产物。”

他指着前排的一位同学说：“而你是一位酒厂工人，酒是你的生产物。如果市场太小，我的玩具卖不出去，我就没有能力购买你的酒；而你能畅饮美酒，却无法买到送给孩子的玩具。”（如图 2-3 所示）

图 2-3　社会大分工

学生们频频点头，亚当 · 斯密导师继续说道：“反过来呢，市场越大，分工就越多，生产力也就越高。此外，分工还受其他一些因素的影响，比如运输交换成本，或经济学所谓的交易成本等的影响，比如水运和陆运。”

亚当•斯密导师问道：“有谁知道，水运和陆运哪个成本更低？”王一思考了一下，说：“是水运。”其他学生也都赞同这个答案。

亚当 · 斯密导师点头道：“的确，水运的成本要比陆运低很多，而且载货量更大，水运也比陆运开拓了更多的市场。大家都知道，一般来说，沿海或沿河地区的经济会更发达。”

有个学生问道：“那么，水运和分工又有什么关系呢？”

亚当 · 斯密导师笑着解释道：

“当然有关系，分工都是从沿海或沿河地区开始的，这也可以解释，为什么在 18 世纪时，海洋文明能够大幅度甩开大陆文明，走向现代化。正是因为分工造成了支持水运的地带，其经济远远超过了内陆地带。沿海或沿河地区的分工，推动了当地的经济发展，也造就了国际大分工的出现。”

“接下来，”亚当·斯密导师话锋一转，“有谁能够告诉我，什么才是第一生产力呢？”

“科学技术是第一生产力！”这回，全场学生的回答整齐划一。

说完后，大家都笑了，这句话正是我国著名政治家、军事家、外交家邓小平同志的名言。但是，这句话同样也适用于经济学吗？王一心里存了些疑问，但这个疑问很快被亚当·斯密导师打消了。

“大家说得没有错！科学技术正是第一生产力！”亚当·斯密导师十分肯定地告诉大家，“下面我们就来讲解一下，为什么说科学技术是第一生产力。”

第三节　科学技术为什么是第一生产力？

“第一生产力是指在推动现代生产力发展中的重要因素和重要力量，而科学技术是第一生产力，这句话是你们国家的一位政治家说的。”亚当·斯密导师说，“我认为，说这话的人不但是个优秀的政治家，更是个优秀的经济学家。因为他看到了国际大分工的趋势。”

导师的话让王一想到了另一段话：世界在变化，我们的思想和行动也要随之而变。过去把自己封闭起来，自我孤立，这对社会主义有什么好处呢？历史在前进，我们却停滞不前，就落后了。

亚当·斯密导师摊手道：“就像我之前说的那样，社会分工早在原始社会末期就已经产生了。但当时的生产力水平很低，根

本不可能发展到国际分工。直到经济水平和科技水平发展到一定阶段后，国际分工才慢慢发展起来。”（如图 2-4 所示）

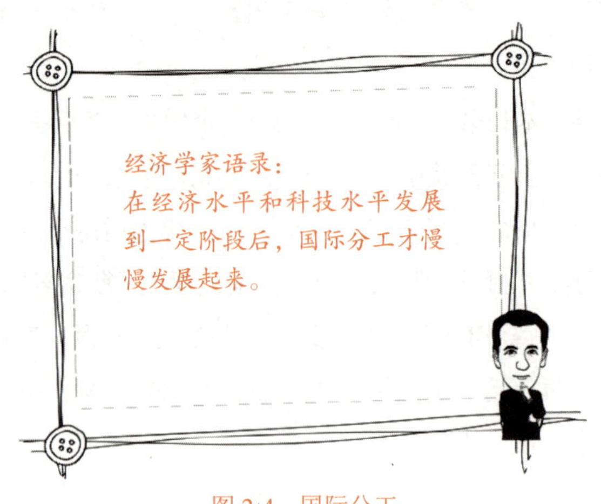

图 2-4　国际分工

接着，亚当·斯密导师详细给大家做了比较。

第一次工业革命后，机器被大量应用在生产上，这造成了生产力的大幅提高，分工也空前加深。这次科技革命首先在英、法等国进行，使这些国家发展为工业国，而其他没有受到科技发展影响的国家，则仍是农业国。

第二次工业革命后，诸如发电机、电动机、内燃机的发明被广泛应用在生产中，此时的分工更加精细。这次科技革命也是率先在英、美、德等国进行的。同时，一些农业国开始下定决心发展科技，从发达国家引进技术与机器设备。

第三次革命被称为科技革命。它直接导致了一系列新兴工业的诞生，如高分子合成工业、原子能工业、电子工业、宇航工业等。这些工业对国际分工的要求更高，使国际分工的形式向专业化分工方向迅速发展。

亚当·斯密导师笑着说：

“法国为了打破美国垄断世界航空制造业的格局，决定造一架空中客车，机头段、中机身下半部分和发动机挂架由英国负责，机翼由德国负责，机身其余部分和垂尾由荷兰负责，客舱门、起落架舱门和平尾由西班牙负责，最后交由中国组装。这就是科技带动国际分工最好的例子，有钱大家赚嘛。”

听到最后这句话，在场的同学都笑了起来。王一也不由得感叹科技发展带给经济的好处。

亚当·斯密导师告诉大家，科学技术的发展在分工上的主要表现有三点：不同型号规格的产品专业化；零配件和部件的专业化；工艺过程的专业化。

“当然，就算某个国家再专业，再发达，它也不可能生产出自己所需要的全部产品。”（如图 2-5 所示）

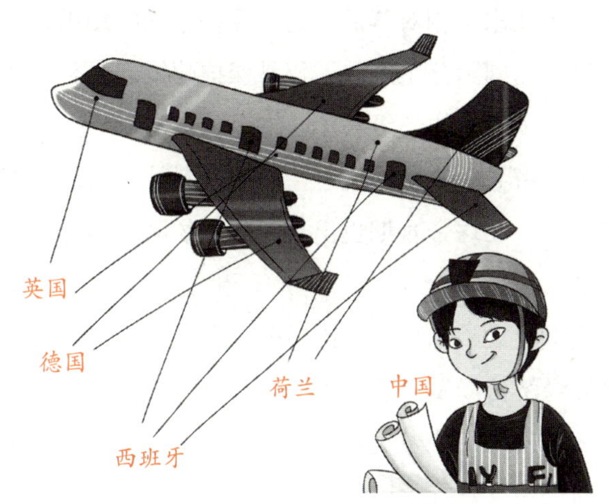

图 2-5 科学技术带来的国际分工

对于亚当·斯密导师的总结，王一深有感触。当今世界，有些乘上工业革命发展“东风”的发达国家，靠着雄厚的资本发展科技，成为科技产业国；而大部分的发展中国家，资本少，科技也不太发达，只能成为劳动产业国。但只要双方做到更细致的国际分工，就能实现经济共赢。等到第四次科技革命到来后，国际分工更将向前发展。

亚当·斯密导师总结道："这些都是科学技术发展促进分工的历史，所以，我们可以毫不犹豫地说：科学技术当然是第一生产力。"

"国际分工状况，是各个国家制定经济政策的重要依据。"亚当·斯密导师耸了耸肩，"第一次科技革命后，我们英国的工业力量雄厚，产品的竞争力很强，但不可否认，它也需要用工业制品的出口来换取粮食和劳动力的进口。"

王一点点头，这段历史他在高中就已经学过了。当时的英国实行了自由贸易政策，大力发展工业和国际分工。而美国和西欧一些国家的工业水平相对落后，为了保护本国的幼稚工业，它们都对英国提出的国际分工采取了贸易保护政策，阻碍了经济发展，导致英国变成了当时的超级大国。

亚当·斯密导师骄傲地说，"第一次科技革命后，英国成为国际分工中心。在这个时期也出现了如纺织品、船舶、钢铁和棉纱等新产品。"

第二次世界大战结束后，国际分工发展至成熟阶段。在这一时期，世界经济格局发生了很大变化，国际分工也进一步发展。

亚当·斯密导师就发展科学技术产生的巨大推动作用，从以下三个方面给大家进行了讲解。

第一，科学技术的进步，将改变社会生产力和经济发展。科学技术的发展会提高劳动力的智能，从过去的体力劳动变成脑力劳动，让劳动力的结构更加趋于智能化，进而推动经济的发展。

第二，科学技术的发展将改变人们的劳动模式。随着电子技术的广泛应用，大部分电子机器替代了劳动力的脑力劳动，而且机器更为精细、准确。

第三，科学技术在推动传统产业现代化的同时，也使得第三产业在国民经济中所占的比例越来越大。同时，科学技术推动生产规模扩大，促进了国际分工的进一步发展，使社会经济发展水平进一步提高。

“说到科技，我看到在场的很多同学都拿着苹果手机。”亚当·斯密导师笑着对台下的学生打趣道，“那么，我有个问题要问大家：苹果手机到底是不是美国的产品呢？”

第四节　苹果手机到底是不是美国产品?

亚当·斯密导师抛出的这个问题，引发了学生们的热烈讨论。王一听见有人说“苹果是乔布斯的产品，当然是美国产品”，但也有人说“苹果都是在中国制造的，早不是美国产品了”。

王一觉得，虽然苹果产品都是在中国生产的，但毕竟中国没有人家的核心技术，应该还是美国的产品吧。还是听听亚当·斯密导师怎么讲。

亚当·斯密导师等全场学生讨论得差不多了，大声说道：“苹果当然是美国的产品！”

亚当·斯密导师拿出了一部 iPhone7，台下的学生哄堂大笑起来，王一很理解发笑的同学们。毕竟，一位 18 世纪的英国经济学大家，竟然拿着现代的苹果手机，这种诙谐的画面可不是谁都能看到的。

亚当·斯密导师说道："整个二手的iPhone7市场大大压低了价格，因为苹果的换机潮已经到来。我看到前排的一些同学已经换上了iPhone8或iPhoneX。"

"我手中的iPhone7，最低版本也要5000元以上。最贵的iPhone7 Plus 256G版本，再加上一副1000多元的AirPods耳机，就能卖到一万多元。"

亚当·斯密导师打趣道："据说在苹果换机潮期间，有很多丈夫都得到了妻子的殷勤照顾；另外，手机的摔坏率也明显上升，甚至有不少女性的手机莫名进水、丢失等状况时有发生。"大家都意味深长地笑了起来。

"但是，众所周知，"亚当·斯密导师话锋一转，"苹果手机虽然风靡世界，却是在中国的工厂里生产的。"

"苹果公司最著名的生产基地，当属中国的富士康公司。据说，郑州富士康公司的工人数达到了20万人，夜以继日、加班加点生产这款iPhone7。"亚当·斯密晃了晃手里的手机。

"各位都知道，苹果公司的大部分配件也是中国生产的，除了核心的A10芯片之外，苹果公司所有的零部件全是由中国公司提供的，甚至在A股市场，沾上中国苹果供应链概念的股票，往往都能一飞冲天。"

富士康公司在量产iPhone6时，曾急招10万名工人。如此大规模的制造活动却无法在美国本土进行。美国劳动力成本高，且劳动力的机动性强。在美国，想在短时间内召集10万名工人，几乎是不可能的事。

"美国的劳动力市场还没有建立起正确的模式，所以它无法满足苹果等公司的特殊需求。"亚当·斯密导师耸了耸肩，"苹果公司自己也说过，在海外生产 iPhone 是他们唯一的选择。”

亚当·斯密导师语气里有一丝沉重：“在富士康工作的中国工人们，每天需要倒三班，每人 8 小时的工作时间，他们用心生产出无与伦比的苹果产品，但这些工人的工资却只有 3000 元左右，甚至不够买一部二手 iPhone，虽然这是他们制造出来的。”

台下的学生也露出了沉重的表情，亚当·斯密导师接着说道：“在苹果手机的生产链条中，中国为该产品提供了最大的必要帮助，但却分得最少的利润。因为苹果公司的巨额利润几乎全部流入了美国。”

王一思考着，为什么中国本国产的手机能够卖得很便宜？因为它们把属于美国的巨额利润砍了下来，才能让消费者得到实惠。

亚当·斯密导师告诉大家，苹果之所以能获得巨额利润，主要有两点原因。

第一，苹果技术门槛很高。苹果独特的指纹识别和 Home 键，都是其他手机公司争相效仿的技术。除此外，苹果的 iOS 系统，A10 芯片，以及面部识别，都让苹果手机在面对消费者的时候底气十足。拥有这样的技术，让人心甘情愿地掏高价。

第二，苹果是享誉世界的品牌。提到苹果的产品，就意味着高品质、售后服务好和时尚艺术品位。高端、大气、上档次，这些词成了苹果的代名词。在众人的追捧下，苹果不可能卖低价。

亚当·斯密导师说：“在国际分工中，苹果拥有至高无上的话语权，中国的手机公司只能遵守这个游戏规则。”

而且，美国政府使出了更狠的一招——提出制造业复兴计划。这项计划让无数美国制造业回流到美国，也就是说，美国在吃掉利润这块肥肉时，让中国连汤都喝不到。

“在国际分工上，没有技术，就没有话语权，就不能分到更大的蛋糕，”亚当·斯密导师摊手道，“这也是我为什么说苹果一定是美国产品的重要原因。”

王一的心情也很沉重。现如今，产业链的顶端都被美国公司掌控，中国公司因为技术方面不足，只能被人宰割。明明做蛋糕的人是自己，却只能眼睁睁地看着做好的蛋糕一口口塞入别人嘴里，而且对方只付了成本价！（如图 2-6 所示）

图 2-6 世界工厂

当三星控制屏幕时，中国的公司被扼住了咽喉；当高通控制芯片时，中国公司如鲠在喉……想到这些，王一的心情就格外沉重。

“当然，这也是国际分工的必要程序。”亚当·斯密导师换了轻松的语气，“我相信，在座的各位一定能为你们的国家争光添采，你们的国家也会越来越强大。”

亚当·斯密导师的一番话，也让在场的学生们热血沸腾，并对亚当·斯密导师报以久久不能平息的掌声。

“今天的课程，我们就上到这里，希望各位能从中有所收获。”亚当·斯密导师对着台下深鞠一躬，在掌声中缓缓走下了讲台。

第三章
李嘉图导师主讲"价值"

本章通过四个小节，讲解了大卫·李嘉图关于经济学价值的内容。李嘉图的价值观念对后面的经济学起到了启示作用。作者在解读李嘉图关于价值思想的同时，也加入了风趣幽默的例子，让读者能在轻松愉悦的氛围中提升自身的经济能力。

大卫·李嘉图

（DavidRicardo，1772年4月18日—1823年9月11日），古典经济学理论的完成者，古典学派的最后一名代表，最有影响力的古典经济学家。李嘉图早期是交易所的证券经纪人，亚当·斯密《国富论》一书激发了他对经济学研究的兴趣。

其研究领域主要包括货币和价格，对税收问题也有一定的研究。李嘉图的主要经济学代表作是1817年完成的《政治经济学及赋税原理》，书中阐述了他的税收理论。

李嘉图继承并发展了亚当·斯密的自由主义经济理论。他认为限制政府的活动范围、减轻税收负担是增长经济的最好办法。

第一节 价值的本质是什么？

自从听了亚当·斯密导师的课程，王一就觉得日子过得格外慢。好不容易盼到了星期六的午夜，王一兴奋地抓起笔和本，心想着今天又会是哪位导师要来呢？

礼堂中，满座的学生也在热烈地讨论着，在讨论声中，十二点的钟声敲响了。

一个身穿黑色大氅，头发稀疏的英国人走上讲台。他的鹰钩鼻很突出，但五官却透着一丝笑意。他的嘴唇很薄，双眼皮，相貌很清秀，样子也很年轻。

王一有些疑惑，这个人看着有些眼熟，但到底是谁呢？

这位导师笑着对台下的学生们点点头：“上节课是亚当·斯密导师给你们上的吧？这很巧，因为从某种意义上说，我也是亚当·斯密导师的学生。”

“噢！您是大卫·李嘉图！”后排有个学生兴奋地大叫一声，王一这才恍然大悟。眼前这位绅士，可不正是大卫·李嘉图嘛。

大卫·李嘉图导师抚了抚稀疏的头发，在黑板上写了两个大字——价值。然后他对台下的学生们发问：“谁能告诉我，价值是什么？”

王一考虑了一下，说：“对人们有用的商品？”大卫·李嘉图导师笑着说：“是的，但不完全对。”其他学生也纷纷发言：“贵就是价值”“需要的商品，就有价值”。

“大家说的都有些道理，但是都不准确。”大卫·李嘉图导师笑着说，“下面我来给大家讲解一下。”

他摘下自己的胸针，说道：“在生活里，大家每天看到的都是价格，而不是价值。很多人问我的胸针多少钱，我说20英镑，这是胸针的价格，而不是它的价值。”

刚刚说“贵就是价值”的学生不好意思地搔搔头。

大卫·李嘉图导师笑着说：“大家要知道，价格不是物质，而是一种经济现象，它表现为商品与货币间的关系，比如一斤糖10元，一台计算机4500元等。”（如图3-1所示）

1斤糖=10元　　一台计算机=4500元

价值决定价格，价格围绕价值上下波动

图3-1　价值与价格

“而隐藏在价格现象背后的那个神秘莫测的商品，就是价值，”大卫·李嘉图导师对大家解释道，“价值体现在商品中，它取决于生产这一商品时所需的社会必要劳动时间的多少。”

王一点了点头，原来大家平日里接触的都是价格，而价值则一直隐藏在价格的背后。大卫·李嘉图导师比画道：“就像有些人说的那样，价格和价值既有联系，又有区别。”

价值是价格的基础，价格是价值的表现形式。价值决定价格，价格围绕价值上下波动。

“刚才也有人说，那些人们需要的商品，对人们有用的商品就有价值，这句话对不对呢？当然也不完全正确。比如空气，它十分重要，但却不具备价值。谁知道为什么吗？”大卫·李嘉图导师笑着问大家。

“因为它不包含劳动。”王一思考了一下，回答道。

“非常正确，”大卫·李嘉图导师鼓励说，“这也是我接下来要讲的内容。”

他在黑板上写下一行字：劳动价值理论。

劳动价值理论是古典政治经济学的重大发现，是由威廉·配第导师提出的。配第指出，商品的价值是由生产它的劳动时间决定的，其价值量的大小，取决于所花费的劳动时间的长短。

大卫·李嘉图导师笑着说：“举个例子：一把大工厂制造的藤椅，和一把人工编制的藤椅，自然是人工编制的藤椅价值更高，因为在编制过程中，它的劳动时间更长。”

第二阶段是亚当·斯密导师的发展阶段。斯密在这一阶段指出，价值是由生产商品耗费的必要劳动创造的，劳动是价值的源泉和尺度。

“必要劳动就是付酬劳的劳动部分。”大卫·李嘉图导师解释道，“第三个阶段就是本人的发展阶段。”

大卫·李嘉图谦虚地鞠了一躬，说道：“体现在商品中的劳动量规定商品的交换价值。每当劳动量增加，劳动商品的价值也会随之增加；每当劳动量减少，其商品价值也必然随之减少。”

大卫·李嘉图导师指出，价值和财富在本质上是不同的。决定价值高低的不是数量的多少，而是生产财富的难易程度。

“但是，各位需要注意两点。”大卫·李嘉图导师敲了敲黑板，说道：

“一是只要投入生产该商品的劳动，就能无限增加的商品，它的价值由必要劳动决定；二是像绘画、雕塑等极品，都属于不能由劳动增加的商品，其价值由该商品的稀少性决定。”

大卫·李嘉图导师告诉大家：“如果一种商品完全没有用处，那它就不具备交换价值。因为使用价值是交换价值的物质承担者。”

王一点了点头，大卫·李嘉图导师实际上区分了价值和交换价值两个概念。他将生产商品所消耗的劳动称为绝对价值，而把某商品所具有的、能够换取另一商品的能力称作交换价值。

大卫·李嘉图导师说：“一种商品生产出来之后，它的价值能在不同社会成员之间进行分配。不管价值怎样分割，都不会影响商品的价值量。因为‘劳动时间决定价值’这一原理，不会因资本与雇佣劳动者的交换而失效。”

大卫·李嘉图导师说：“下面，我来告诉大家影响价值的因素有哪些。”

“产品的价值应该由两个因素决定：劳动时间和需求。”

“比如一个画家，他画出了一幅作品，并且只花了一天时间，但其画作产生的价值却是他劳动时间的几倍。但要注意的是，他的作品要有需求才能卖出去，这幅画作的价值才能实现。劳动时间和需求，这两点是缺一不可的。”

在场的学生纷纷点头，李嘉图导师画风一转：“对了，各位，你们有没有想过工资与价值之间的关系？”

第二节 你的工资与价值之间的关系

李嘉图导师的问题一抛出，大家立刻讨论起来。

“你的工资开得高，就证明你对公司的价值高呗。”一位穿黑T恤的男生不假思索道。

李嘉图导师笑着说道：“真的这么简单吗？你再想想。”

黑T恤男生挠了挠头，说道：“难不成，工资高的人对公司的价值反而低？”

在大家的笑声和讨论声中，王一也皱着眉头思索着：刚才黑T恤男生说的不无道理，但却不全面。因为工资并不是企业决定的，而是市场决定的。所以，刚才这位男生说的工资应该是相对工资。

果然，李嘉图导师笑眯眯地开口道：“在明确工资与价值的关系之前，我们要先来理解这样一个概念——工人的工资，是资本家在获得的净利润中，参考‘市场价’来支付的。所以，这样的工资其实是‘相对工资’。”

“相对工资？”大家一脸疑惑，工资怎么还有“相对”一说呢？

李嘉图导师仿佛看出了大家的疑惑，他耐心地解释道：“各位，从长期来看，商品的价格是反映生产成本的，所以，这种价格可以被称作‘自然价格’。自然价格中，有一部分构成是劳动者所付出的人力成本，而这个人力成本就是劳动者的工资。”

大家点了点头，确实是这样。

李嘉图导师继续说道：“为了让劳动者继续生产产品，人力成本要保持在能让他们维持生活的水平上。可是，随着经济的不断发展，实际发给工人的工资会比能勉强维持生活的工资高出一些，这种工资能让劳动者在购买生活必需品后，还有一小部分钱用来娱乐。”

一位女生举手道：“劳动者的工资变高，是因为产品的利润也高了吧？”

李嘉图导师笑着说道：“你这句话，应该改成‘因为劳动者的实际工资变高，所以产品的利润降低了’。不错，我曾在自己的论文《论利润》中分析过名义工资与实际工资，在我看来，利润取决于劳动者工资的高低，工资取决于生活必需品的价格，而生活必需品的价格，又取决于食品的价格。”

“什么是名义工资，什么是实际工资呀？”女生歪着头问道。

“名义工资，指的是资本家支付给工人的货币量，如月薪、年薪等；实际工资，是工人用获得的货币量，所能购置的生活必需品。”李嘉图导师笑眯眯地说道，“谁能告诉我这两种工资有什么区别？”（如图 3-2 所示）

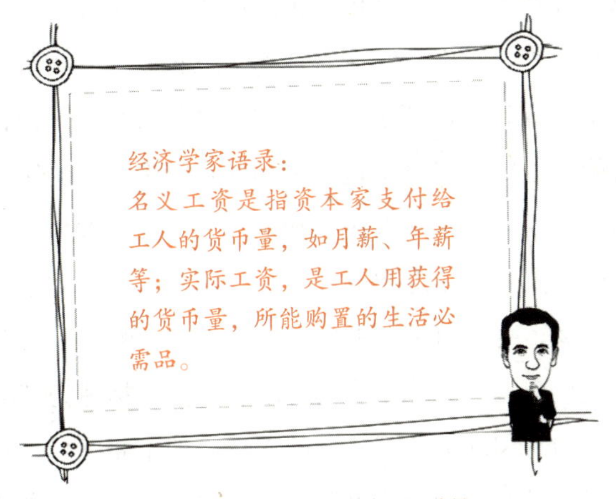

图 3-2　货币量与生活必需品

王一略加思索，举起手道："名义工资上涨，实际工资不一定上涨。比如人口增长会让农产品需求增加，导致农产品价格上涨，继而导致物价上涨。这时，如果名义工资的增长速度跟不上物价上涨的速度，就会导致工人的实际工资下降。"

李嘉图导师笑着拍手道："啊，你总结得非常到位！在我生活的那个年代，英国的资产阶级实力是不断壮大的，然而，封建地主阶级在各个方面的力量仍占优势。所以，我决定将工资和利润的对立当作自己研究的出发点。"

一位男生用一种看偶像的目光盯着李嘉图导师说道："李嘉图导师，您之前提到的'商品的交换价值，几乎完全取决于各个商品上所花费的劳动量'，这个观点我非常赞同！"

"是啊，"另一位女生说道，"这一点其实是所有商品交换价值的基础，也是经济学上一个很重要的观点。您提到的亚当•斯密导师的劳动价值理论，在我之前的学习中也有所涉及。亚当•斯密导师认为，商品价值是由工资、利润与地租决定的，而您却批判了这一观点。"

李嘉图导师点点头，谦虚地说道："我只是提出了我自己的意见。在我看来，工资、利润和地租这三种收入其实是价值的分割，但无论怎样分割，都不会改变它本身的大小，因为价值就是由劳动时间决定的，也就是说，劳动就是创造价值的源泉。我很喜欢中国，是因为'中华人民共和国是工人阶级领导的、以工农联盟为基础的人民民主专政的社会主义国家'，你们很注重保障劳动者的权益，也号召劳动者们参与利润的分配。"

王一点点头："是的，我国劳动者不仅包括体力劳动者，还包括科技劳动者和服务劳动者，随着经济的不断发展，科技劳动者和服务劳动者的劳动价值更高，所以，也会给他们更高的工资。"

李嘉图导师点点头："这位同学说得不错，其实，国家应该对这部分市场进行干预。因为商品的价值与使用价值间的矛盾，只有通过交换才能解决。如果不进行交换，那商品的价值就不能够实现，商品的使用价值也无法进入消费，那企业也没办法再生产。所以，国家应该增加劳动者的收入，提高居民收入在国民收入中的比重，提高工资在初次分配中的比重，这样才能真正体现商品价值，才能带动经济发展。"

看同学们笔记做得差不多了，李嘉图导师笑着抛出了另一个问题："对了，既然说到了商品的价值，那有没有同学知道'延迟折扣'？"

延迟折扣？大家你看着我，我看着你，彼此的眼神中都是困惑和不解。

李嘉图导师哈哈大笑道："别急，且听我慢慢道来——"

第三节 未来价值与让人克制欲望的"延迟折扣"

"在讲延迟折扣之前，我先给大家讲个小故事。就比如这位同学。"大卫·李嘉图导师指着前排一个男生，对大家笑了笑，"几个月之前，你的牙医就建议你拔掉智齿，但因为害怕，你选择了能拖就拖。结果，在你公司业务最繁重的时候，你的智齿忽然疼起来，严重影响了说话，甚至无法咽口水，你的脑袋、耳朵和嗓子都无比疼痛。因为你的智齿，导致这项业务无法按时交付，工作进度被打乱，手头工作堆积，进而影响了整个团队的进度。"

前排那个男生不由得缩了缩脖子。

大卫·李嘉图导师笑着对他点点头："你逃避拔牙的表现，正是大部分人都有的趋利避害、逃避困难的共性特点。而这些特点背后，就出现了延迟折扣。"

王一好像听明白了一点。

大卫·李嘉图导师接着说："再比如，现在各大银行都在推销信用卡，因为有了信用卡，就会刺激大家提前消费。人们看到喜欢的商品就忍不住想把它买下来。信用卡为人们提供了方便，但我们家里却堆了越来越多'废品'，而银行账户上的钱也越来越少。"

大家都恍然大悟，但王一还是有点混乱。大卫·李嘉图导师无奈地摊摊手，又换了一个更简单明了的例子：

"各位都知道，健康的饮食习惯和适当的锻炼能够预防疾病的发生，各位也知道，熬夜、抽烟、喝酒、大鱼大肉虽然不好，但是一种及时享乐的方式，能让人立刻产生愉悦感。当胡吃海喝代替了健康饮食，延迟折扣就产生了。"

王一明白了，延迟折扣就是现在体现不出来，但会在未来爆发的一种现象。

就比如自己，眼看着期中考试的日期越来越近了，却忍不住要打游戏，非得拖到最后一刻，才能勉强完成学习任务。结果学习质量不好，分数不高，还被指导员批评了一顿。

想想看，延迟折扣不正是我们生活和工作中经常出现的问题吗？

对我们而言，那些即时利益更具体，更让我们快乐。比如遇到压力时的逃避，上班偷睡懒觉的舒服，不看书去打游戏的愉快，吃零食满足口腹之欲，等等。未来奖赏相对抽象，且可能很久才会看到收益，所以大家更愿意享受那些即时利益。

为什么大家总是热衷制订计划，而不是执行计划呢？

对于个人来说，制订计划时会产生兴奋感，而在具体执行的过程中，又总觉得未来太远，目标太抽象。加上各种诱惑的冲击，最终影响我们的执行力。人们无法耐心等待未来奖赏，一些不确定因素增加了选择的恐惧。所以在风险面前，人们更倾向于抓住眼前的奖赏。

大卫·李嘉图导师笑着说：“当我们不能理性选择未来价值，而寻求即时利益的时候，延迟折扣就发生了。”

他又举了个例子：有些人一直纠结，是辞职还是继续在一家效益不好的公司待着。想辞职的时候，大脑会想，万一找不到好企业怎么办？万一这家公司效益好了，我岂不是亏大了？一番思考后，索性还是先待着混吧，至少每个月有工资发。结果一年半载后，他就对当初的决定后悔了。（如图 3-3 所示）

图 3-3　延迟折扣

大卫·李嘉图导师说：“人是理性的，但这种理性是有限的。当脑袋中‘即时奖励’和‘未来奖励’两个观念在抢夺主动权时，未来奖赏明显会被轻易放弃，这也导致了在等待未来奖励的过程中延迟折扣的发生。”

这就是为什么人们在做决策的时候，会追求即刻享受的冲动。

和抽烟、喝酒、熬夜的愉快感相比，以后的健康问题可以先放一放；和打游戏比起来，放学后学两个小时的承诺就不会兑现。

我们明明知道，下班后的时间是提升能力、拉开人与人差距的最好时间。但在量变到质变的积累过程中，会让我们渐渐选择打游戏所产生的即时快感。

这一点也很好地解释了，为什么很多商家的文案宏伟、美好，但消费者根本不买账。因为这些文案虽然听着很高大上，但毫无代入感，还不如直接告诉消费者，在某个具体场景里能带来哪些具体的利益更有效果。

王一对此深有体会，他们现在只愿看“干货文章”，特别是类似《做好××的20种技巧》《21天速成×××》。因为直接用别人总结的方法太省事了，思考问题这么麻烦，为啥不直接看总结呢？结果，遇到换汤不换药的问题，自己还是不会做。

其实王一他们也都明白，只有自己思考，自己坚持努力，才能获得相应的回报，但很多人还是无法坚持，很多人还是愿意为了即时奖励而放弃未来奖励。

这也印证了那句话：道理都懂，却依旧过不好这一生。

第四章
萨伊导师主讲“边际”

本章通过四个小节，讲解了让-巴蒂斯特·萨伊的边际内容。萨伊否定生产过剩的存在，提出了著名的“供给能够创造其本身的需求”的观点。萨伊认为商品买卖实质上是商品交换，货币只在刹那间起媒介作用。产品总是用产品来购买，买者同时也就是卖者，买卖是完全统一的。因此，商品的供给会为自己创造出需求，总供给与总需求必定是相等的。局部供求不一致也会因价格机制的调节而达到均衡。对于想要掌握边际知识的读者，本章是不可错过的部分。

让-巴蒂斯特·萨伊

（Jean-Baptiste Say，1767年1月5日—1832年11月15日），法国经济学家。古典自由主义者。他是继亚当·斯密、李嘉图古典经济学派兴起之后的又一个经济学伟人。其主要著作有《政治经济学入门》（1815），《政治经济学精义》（1817）等。著名的萨伊定律就是由他提出的。

萨伊定律（Say’s Law），或称“萨伊法则”。意思是说，每个生产者之所以愿意从事生产活动，若不是为了满足自己对该产品的消费欲望，就是为了想将其所生产的物品与他人换取物品或服务。

第一节 为何物以稀为贵?

周六晚上，王一不知为何有种强烈的感觉，今天来讲课的一定是自己的偶像让-巴蒂斯特·萨伊。他早早地赶到了礼堂，在座位上焦灼地等待着今天课程的开始。

好不容易熬到了十二点，王一的心剧烈地跳起来，他很强烈地感觉到，今天主讲的导师一定是让-巴蒂斯特·萨伊！当灯光汇聚在讲台上时，一位年轻英俊的导师迈着轻快的步子走上台来。

他愉快地向大家挥手致意道："各位晚上好，我是大家今夜的讲师，让-巴蒂斯特·萨伊！"

王一不由得挺直了后背，激动地看着萨伊导师。而台下的女生们似乎比王一还要激动，当然，年轻英俊的萨伊导师肯定比秃头的穆勒导师更受女学生欢迎。

"俗话说'物以稀为贵'，这揭示了一个经济学原理，"萨伊导师开门见山地说道，"那就是供求关系决定价格！各位都知道，供不应求，商品就会涨价；供过于求，商品就会降价。只有商品的供应平稳，价格才能随之稳定。

"当前中国市场的主要工业品都是供过于求，而农产品则供求相对平衡。但农业生产相对薄弱，大部分地区还是靠天吃饭，因此农产品的供应变化也很容易引发价格波动。"

王一连连点头，这几年中国确实经历了几次大幅度涨价，而且涨价的几乎都是农产品。比如猪肉价格上涨，再比如蒜价上涨，前些年的蔬菜价格上涨也让王一记忆犹新。

萨伊导师说道："像中国这样的十几亿人口大国，农业注定是至关重要的产业，也是国民经济的基础，保障供应必须被国家视为头等大事。"

"物以稀为贵？我们先来看一个很普遍的现象，"萨伊导师说，"氧气、水、阳光等都是至关重要的保命物，但水却很便宜，而氧气和阳光更是免费的，人人都可以享受。钻石珠宝不是人们的必需品，却贵得要死。"

萨伊导师耸了耸肩说道："为什么钻石这么贵？就因为钻石数量稀少，这就是物以稀为贵！"台下的人都笑了起来。萨伊导师接着说："当然，单个现象还不足以解释钻石很贵的原因，也不足以解释'物以稀为贵'这句话本身。我再给各位说说第二个现象。"

"假如你一点儿都不喜欢我的课程，那么，即便你免费得到我的价值 100 元的讲座卡，你也不会开心，因为这对你来说没什么用，你甚至会嫌这张卡碍事，认为它根本不值 100 元。

"假如你非常喜欢亚当·斯密导师的讲座，你花 100 元买到了他的讲座卡，你会欣喜若狂，觉得这 100 元花得非常值，你觉得它很有用。

"再假如，当你掉到枯井里，你会觉得兜里那半块面包的价值比你脚上的名牌运动鞋还高；当你身家过亿时，你会觉得花 10 万元买个表很平常，但当你穷得叮当响时，你就会觉得 10 万元买块表简直是有病。"（如图 4-1 所示）

图 4-1　物以稀为贵

台下的学生们都笑了，萨伊导师实在是太幽默了。

萨伊导师接着讲道："你觉得我的讲座卡没用，亚当·斯密导师的讲座卡有用，这就是你对两个讲座的主观评价。其中，亚当·斯密导师的讲座满足了你的心理需求，这是主观用途；你掉到枯井里，那半块面包是实实在在的客观用途，你对半块面包、名牌运动鞋和10万元的表的态度，是在不同处境下对不同商品价值评估的改变。"

经济学家把可以满足人们心理需求的商品特征称之为"效用"。效用，即人们对商品的主观评价。

"最后，我们来看一个案例，这可以帮助你们弄明白，主观效用到底是如何影响价格的。一位农民伯伯，他有五袋小米A、B、C、D、E，小米的重量都是一样的。"萨伊导师在黑板上写了几个选项：

A袋：自己吃

B袋：做米糕

C袋：酿米酒

D袋：喂家禽

E袋：喂宠物鸟

萨伊导师告诉学生们，在上述五袋谷物中，农民伯伯觉得它们的重要性依次为"A > B，B > C，C > D，D > E"。

农民伯伯在心里把E袋标价为10元，按照他眼中的效用排序，D袋是20元，C袋是30元，B袋是40元，A袋是50元。

萨伊导师笑了笑，说道："如果让农民伯伯舍弃一袋，他肯定先舍弃喂鸟的那袋。因为这袋值10元，他觉得损失10元不太心疼。如果让他继续舍弃一袋，他会选择D袋。因为和其他袋比较，他觉得丢弃20元最明智。以此类推。"

"好！打住，"萨伊导师突然拍了拍手，"现在想一想，随着袋子的减少，是不是留下来的小米价格越来越高了？最后只剩A袋，农民伯伯再也不会舍弃了。"

学生们频频点头，萨伊导师接着说："我们从这个例子可以看出，商品越少，价格就越高。下面我再用这个事情举例。"

"回到开头，这五袋小米无论是外表还是重量都是一样的，所以能用任意一袋喂鸟。所以可以设想，任何一袋小米都能标价10元。所以，当你丢到最后一包的时候，无论你最初打算用它做什么，它都能标价50元。"

看着连连点头的学生们，萨伊导师总结道："所以各位有没有发现，上述小米的价格，总是由它最后一个用途来决定的。"

萨伊导师强调："在经济学中，一件商品的价格总是由它最后一个效用，即主观评价的效用来决定，这个概念叫作'边际效用'。也就是说，价格是由边际效用来决定的，这就能很好地解释为什么会出现'物以稀为贵'了。"（如图4-2所示）

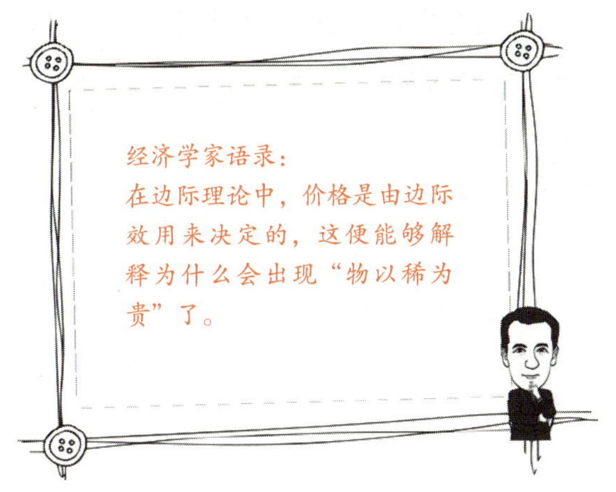

图4-2 价格与边际效用

大家都一脸的恍然大悟，原来这就是边际效用！

萨伊导师满意地看了看大家的表情，然后接着说："边际这个经济名词的应用非常广泛，那么接下来我给大家讲一讲，边际在生产领域的应用。"

第二节　生产、投资与安全边际

萨伊导师笑着说："没有任何一家企业生产商品是为了赔钱，那么怎样才能保证不赔钱呢？简单来说就是让市场对于商品的需求高于商品的供给。这里，就用到了我们的定义——安全边际。对于商品的生产者而言，只有在价值被低估的时候才存在安全边际，或者说，安全边际才为正数，当价值与价格相当的时候，安全边际为零，而当价值被高估的时候，则不存在安全边际，或者安全边际为负数。"

事实上，价值投资者只对那些价值被严重低估的商品感兴趣。因为这样，安全边际虽然不保证避免亏损，但能保证获利的机会比别的商品更多。

"安全边际，又可以叫作安全幅度。它最初是指一个商品在盈亏临界点以上的销售量，也就是现有销售量超过盈亏临界点销售量的差额。"萨伊导师一边比画，一边说，"它标志着从现有销售量，或预计可达到的销售量到盈亏临界点还有多大的差距。"（如图 4-3 所示）

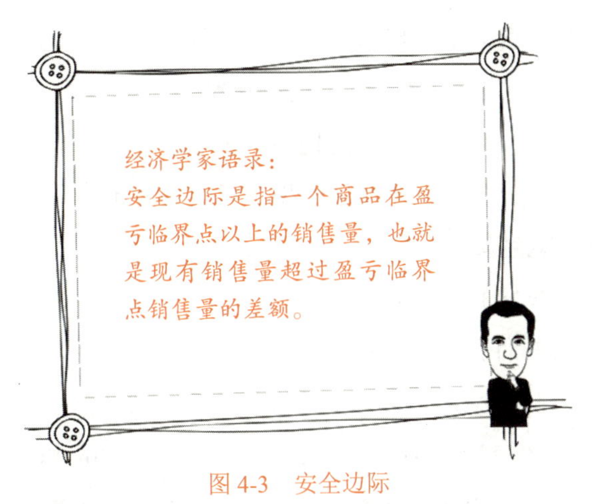

图 4-3　安全边际

此差距能够说明现有或预计可达到的销售量，再降低多少企业才会发生损失。差距越大，企业发生亏损的可能性越小，企业的运营也就越安全。

萨伊导师边说边在黑板上写。安全边际可以用绝对数和相对数两种形式来表现。其计算公式为：

安全边际 = 现有销售量 − 盈亏临界点销售量

安全边际率 = 安全边际 / 现有销售量

因为只有盈亏临界点以上的销售额，即安全边际部分，才能为企业的经营提供利润，所以销售利润又可按下列公式计算：

销售利润 = 安全边际销售量 × 单位产品贡献毛益

= 安全边际销售额 × 产品贡献毛益率

销售利润率 = 安全边际率 × 贡献毛益率

萨伊导师继续说道："此外，以盈亏临界点为基础，还可得到另一个辅助性指标，即达到盈亏临界点的作业率。"然后在黑板上写下了计算公式：

达到盈亏临界点的作业率 = 盈亏临界点的销售量 / 正常开工的作业量

大家听得有些晕头转向，王一也感到一时难以消化。

萨伊导师笑着说："其实这很好理解。安全边际量的数值越大，企业发生亏损的可能性就越小，企业也就越安全；同样，安全边际率数值越大，企业发生亏损的可能性就越小，说明企业的业务经营也就越安全。"

萨伊导师举了个例子：

假如某配件厂盈亏临界点的销售量为5000件，单位售价为20元，预计销售量可以达到6000件，则该企业的安全边际=6000−5000=1000（件）或=6000×20−5000×20=20000（元）。

安全边际率=1000÷6000=16.67%或=20000÷120000=16.67%。

"大家都知道'华尔街教父'吧，"萨伊导师笑着问大家，"就是那位著名的证券分析家。"

"知道！本杰明·格雷厄姆！"有学生回应道。

"没错。"萨伊导师肯定了那位同学的答案，讲道："本杰明·格雷厄姆认为，投资中的安全边际就是指股票价值被低估，其股价远远低于股票的潜在价值。介于实际股价和股票潜在价值之间的差值，就是安全边际。安全边际的另一个名词叫'价值洼地'。"

萨伊导师解释道："比如某只股票的价值是10元，但目前市场价格只有6元，那么，该股票的安全边际就是4元。它的安全边际越大，这只股票就越被低估，也就说明这只股票就越值钱！"

"当股票价格远低于股票价值时，由于该股票价值被发现，市场投资者会选择疯狂买进，从而抬高这只股票的股价。当股价恢复到价值以上时，冥冥中又有一个'安全垫'，使该股价格不会跌破到10元以下。"

萨伊导师笑着说："所以，当初在本杰明·格雷厄姆的自选股里面，出现了大量的铁路股、石油股、航空股，一直持续到20世纪70年代。在此之前，价值投资与安全边际被本杰明·格雷厄姆的门徒们奉为圣经，其中也不乏一些成功者，比如巴菲特。"

在美国金融危机的背景之下，价值投资重新被华尔街重视起来。巴菲特作为本杰明·格雷厄姆的门徒，最初便遵从导师的教诲，以那些股价便宜但被低估价值的股票作为选股标准。

后来，巴菲特逐渐转变为成长型的价值投资者。"我宁可用合理的价格买进优秀公司的股票，也不愿意用便宜的价格买进平庸公司的细价股。"这大概就是20世纪70年代之后，巴菲特先生的投资真谛！

严格依照这样的投资理念，巴菲特先后买进了可口可乐、沃尔玛、IBM、吉列、美国运通、宝洁、富国银行、埃克森美孚、AOL等公司的股票。正是这些价值股，成就了股神巴菲特。

萨伊导师对学生们说："巴菲特对于安全边际的理解是这样的：一只股票当前价值10元，但能在未来3年升到20元，目前股票价格为12元，这样的股票是成长股，买进。"

其中的安全边际是指未来股票价值和当前股价的差值。也就是说，这只成长型股票的安全边际为8块，很值得买入。对于这些优秀的成长股，巴菲特愿意花相对较高的价格买入，以待升值。

有人曾问过巴菲特："你愿意持有股票多久？"

巴菲特回答道："我希望是永远。"

王一早就听说过，巴菲特的持股耐力十分惊人，他甚至敢于持股三四十年也不售出。对于像可口可乐这样安全边际极大的股票，加上数十年的持股，巴菲特还能不赚吗？能不成为一代股神吗？

大家都倒吸了一口凉气，原来安全边际如此有效，难怪这么多人都想要了解一点经济学！

第三节　边际与一般均衡理论

萨伊导师说："各位已经知道，如果供过于求，就会让卖家吃亏；如果供不应求，就会让买家吃亏。总之，总有一方会吃亏。"大家都笑了。

萨伊导师调皮地眨了眨眼睛："所以，最好的情况就是让市场保持均衡。让供求平等，这样买卖双方才能保持相对平等的状态。"

萨伊导师笑着说："所以，一般均衡理论的实质是指经济能够处于稳定的均衡状态。在资本主义经济中，买东西的人能够获得最大效用，而卖东西的人能够获得最大利润，那些生产要素的所有者能够得到最大报酬。"

"然而，"萨伊导师耸了耸肩膀，"从一般均衡理论中，我们不难得出'市场效率损失'理论。政府介入经济活动的主要理论基础就是一般均衡理论，还有从它衍生出的'市场失败'理论。"

萨伊导师讲解道："我先跟各位说一下完全竞争，它又叫纯粹竞争，是一种不受任何阻碍，不受任何干扰的市场结构。一般用来指那些不够影响价格的企业或市场。"

萨伊导师接着说："而完全竞争模型就是一个理想经济模型，如果经济运行偏离了这些假设，就会出现各种'市场失败'。比如产生不出好产品、不理性、经济混乱等。这时候，政府介入就成为理所当然的选择。”

萨伊导师强调：“一般均衡理论并不是对市场运行的真实解释，但它能导致政府对经济领域的介入和干预，最终抑制市场失败的展开。”

学生们开始有些犯迷糊了，萨伊导师想了想，说道：“我还是用一个例子，给各位解释一般均衡理论的妙用吧。”

“假如一个经济社会已经处于均衡状态。现在任何变量都会引起连锁反应，比如汽车的需求增加，就会在市场上引发一系列盘根错节的连锁反应。

“首先，如果汽车的需求量增加，就会导致与汽车有正相关性的劳动力、钢材、橡胶、汽油等需求量的增加。而那些与汽车存在替代关系的公交、地铁、自行车、电动车等代步工具的需求量就会减少。而这些物品的需求量增减，又会引发与其相关的商品的需求量的增减。（如图 4-4 所示）

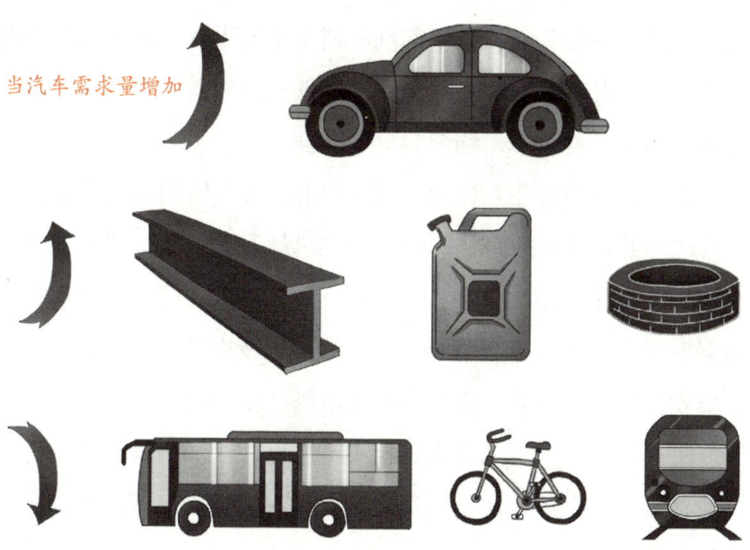

图 4-4　一般均衡理论

“比如，汽车的劳动力需求增加，就会让相关厂商把劳动力吸引到汽车工厂和销售店面，使这些厂商的支出工资增加，成本增加，利润下降。由于利润下降，厂商就会减少产量甚至退出产业，导致供给更少。

“再来看汽油问题。如果中东国家减少了原油生产，就会导致国际原油市场价格上涨，其均衡数量就会减少，均衡价格就会提高。煤炭和原油具有替代关系，原油价格提高，会导致煤炭的价格发生变化：消费者会增加煤的需求量，导致煤市场的需求量增加，煤炭的均衡价格也跟着提高，均衡数量也会增加。与此同时，煤价提高又会导致原油市场价格猛涨，形成循环。

“而原油是汽油生产的必需要素，原油价格提高，就等于汽油的成本增加，汽油厂商会遵循利润最大化目标，减少自己的产量，导致供给量减少，均衡数量也减少，均衡价格提高。

“同时，汽车和汽油又必须同时消费，所以二者具有互补关系。汽油价格提高，势必引起汽车消费量的下降。随着汽油价格的提升，消费者会减少对汽车的消费欲望。因此，汽车的需求量下降，均衡价格下降，均衡数量也减少。

“这四个市场相互作用、相互影响，最后回到均衡状态。”

“当然，这只是简单分析。”萨伊导师耸了耸肩，说道，“汽车销量的变化会影响很多相关市场，比如钢铁、橡胶、玻璃等，而钢铁市场的变化又会影响铝市场等，这些市场的变化又会对生产要素市场产生影响，进而对经济市场产生影响。”

王一点了点头，从以上分析不难看出，汽油价格的升降会影响消费者对汽车的需求量。反之，如果汽油价格下调，汽车的需求量也会增加。

萨伊导师说道："一些垄断公司之所以能取得巨额利润，很大一方面原因是它能够随心所欲地垄断价格。但这样做的结果是：一方面会让产量减少，造成社会福利损失；另一方面，会把买方剩余转为卖方剩余，最后变成垄断者的利润。"

"要知道，汽油是由国有垄断企业提供的。"萨伊导师强调道，"如果没有政府干预，厂商必然会让其价格飙升，追求利润最大化，然后再根据'边际收益等于边际成本'来决定产品价格和数量，造成垄断高价。一方面减少产量，另一方面攫取巨额利润。因此，政府势必对垄断定价进行干预。"

学生们都点了点头，萨伊导师笑着说："假设化石能源具有自然垄断特征，如果政府采取平均成本定价法，势必导致厂商的经济利润为零，甚至让那些垄断企业亏损。此时，政府就会拿出一部分钱补贴给厂商，让其继续经营。"

"以上就是一般均衡理论在经济学中的伟大实用性，"萨伊导师笑着说，"这些都是几代经济学家共同努力得出的成果啊！"

听了导师的讲解，学生们也纷纷感叹，经济学竟然如此玄妙。

萨伊导师一拍脑门，突然笑着问学生们："噢，对了，各位更喜欢吃面包还是馒头？"

第四节　影响满足感的边际效应

萨伊导师的话音刚落，大家立马七嘴八舌起来。

"中国人当然爱吃馒头啦！""谁说的，我就爱吃面包！"

听着大家的争论，王一有些纳闷地想：都是面食，吃什么有区别吗？

终于，大家的争论声渐渐结束了，选择面包的人占了大多数。

只见萨伊导师笑眯眯地说道："哈哈，跟大家一样，我有个朋友也很喜欢吃面包，下面我要给大家分享的就是他和面包的故事。"

萨伊导师喝了口咖啡，慢条斯理地说："他是个胃口很大的人，每餐都要吃8块面包才能饱。可是，他收入微薄，根本买不起这么多面包。一次，我们一起去湖边散步，到了午餐时间，他从篮子里取出面包开始吃。一块面包，两块面包……等他吃到第8块时，他突然哭了起来。"

讲到这里，萨伊导师故意不往下说了。果然，同学们的好奇心都被吊了起来："他为什么哭了？"

萨伊导师忍不住笑了："他对我说：'唉，我亲爱的朋友，我真是太蠢了，我为什么不直接吃第8块呢？这样就能省下前面的7块了呀！'"

"啊？这……"大家面面相觑，一时间不知该说什么好，看来不懂边际效应真的很容易闹笑话啊。

萨伊导师笑意盈盈地说道："其实，边际效用在生活中是很常见的。就像我这位朋友，他吃饱后，脑子里就会产生一些稀奇古怪的想法，可在他刚拿起第一块面包时，我保证他没有这些怪念头，因为他只会想着'噢，我太饿了，我要马上把面包吃掉'。"

大家都笑了，萨伊导师趁机说道："边际效应，有时也称为边际贡献，是指消费者在每增加一个单位消费品的时候，其产生的效用呈递减趋势。用专业术语来说，边际效应是指其他投入不变时，连续增加某一种投入，新增的收益反而会逐渐减少。通俗点儿讲，我们向往某事物时，会投入很多情绪，第一次接触到该事物时，你的情感体验最为强烈。再次接触时，你的情绪会淡一些，第三次会更淡……以此类推，我们接触该事物的次数越多，我们的情绪就越平淡，然后慢慢趋于乏味。”（如图 4-5 所示）

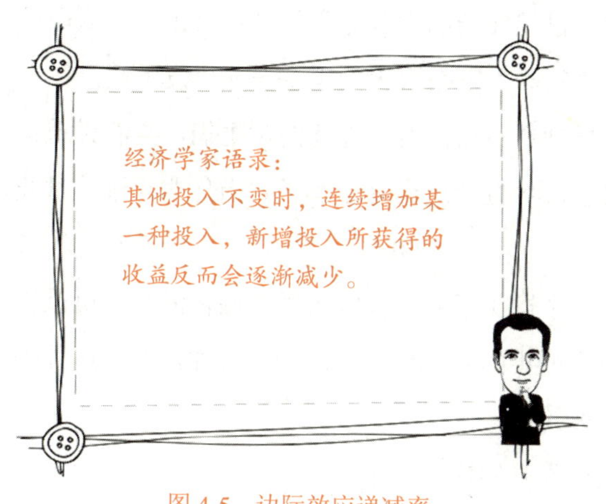

图 4-5　边际效应递减率

王一点了点头，他之前上的经济学课中提到过一个词，叫“边际效应递减率”，其实就是萨伊导师现在正在讲解的内容。

萨伊导师转身在黑板上写下一个公式：

$$MU = \mathrm{d}TU/\mathrm{d}Q$$

“其中，MU 表示边际效用，Q 为一种商品的消费数量，TU 为总效用。由公式可以看出：当边际效应为正数时，总效应是增加的；当边际效应为零时，总效应达到最大；当边际效应为负数时，总效应减少，”萨伊导师讲解道，“边际效应在经济学上的应用非常广泛，例如需求法则就是以此为依据推导出来的：用户使用或消费的商品数量越多，则愿为该商品支付的成本越低。当然也有少数例外情况——”

“就像小时候的集卡游戏一样吗？”王一说道。

“没错！”萨伊导师笑眯眯地说道，“比如有某种收集嗜好或其他行为嗜好的人：嗜酒如命的人，越喝越高兴；集邮爱好者最后收集到的那张邮票的边际效应才是最大的。”

不过，显然在场的大部分学生都没有王一那么聪明，因为他们脸上还“写着”三个大大的黑字——“没听懂”。

萨伊导师看着依旧有些迷茫的学生们，笑着说道：“我给各位举个例子，各位就更容易理解了。当你非常饿的时候，你开始吃馒头——

“第一个馒头下肚，你觉得很舒服很满足，饥饿消解了一部分。第一个馒头的效果最大，因为当时你最饿。这种强烈的满足程度就是你的边际量。

“然后你开始吃第二个，仍然感觉不错，但由于你已经吃了一个馒头，所以你的满足感会降低，也就是说，你的边际效应开始降低。

“你吃到第四个馒头时，你的饥饿感已经消失，你也觉得馒头没有那么好吃了。虽然总的好处（消除饥饿感）在增加，但是边际效应（满足感）在下降。

“这时候，如果你继续吃第五个馒头，你的好处（总量）也没有了，而且觉得胃胀恶心。这时候，你吃的还是同一锅馒头，但满足感已经没有了。因此，你的边际量是在减少的，这就是所谓的‘边际效应递减’。”（如图 4-6 所示）

图 4-6 被影响的满足感

“也就是说，第一个馒头的边际效应最高，因为你的满足感最强；然后逐渐减少，因为你的满足感在减少，一直减到零，甚至减到负数。”萨伊导师总结道。

王一点点头，心里暗暗想道：就是这样，离边际越近，就越会产生不好的感觉。当物质消费达到一定的程度后，人们就会对该消费产生一种抵触甚至厌倦的心理。

这时，萨伊导师一脸愉快地说道：“同学们，谁能再举几个有关‘边际效应递减率’的例子？”

王一回忆了一下，把手举了起来：“前两天，我的舍友浩然买了一大盒冰激凌，是我最喜欢的草莓味，里面有 24 支。一开始，浩然给了我一支，我十分高兴，接过来就吃了，冰激凌果然很好吃！没过 1 分钟，浩然又递给我第 2 支，然后笑嘻嘻地对我说，‘一哥，咱们宿舍没有冰箱，你得帮我全吃了’。于是，我一连吃了 6 支，最后实在吃不下了。对我来说，连吃 6 支冰激凌不但没让我满足，反而把我吃恶心了……”

萨伊导师不由得抚掌大笑：“真是个好例子！你对草莓冰激凌产生抗拒的原因主要有两个：第一，你已经吃饱了，在生理上不需要冰激凌了。第二，你已经吃腻了，受够了。你甚至想跟舍友嚷一句：‘哪怕给我根香草味的也好啊！’”

王一也笑了。萨伊导师接着说道：“中国人有句老话，叫‘计划赶不上变化’。就拿做项目来说，原本 2 周能完成的项目，经理给了你 3 周时间。那么，我建议你在刚接到项目的时候就努力去完成，尽量不要拖到最后再做。因为未来可变要素是相对较多的，当可变要素过多时，边际产量就必然递减。”

大家都点了点头，其实“边际效应递减”就是一个无处不在的规律：

你想考过四级，于是找了四级单词表，从 A 字母系列背起。背了两天感觉不错，一会儿就背完了，然后开始背 B 字母系列。你突然发现，B 字母系列的单词有很多，背了很久都没到 C 系列，于是你越背越厌烦，越来越抵触，最后放弃了背单词。

可见，投入和产出是相同的概念。因为你投入了，所以你就要求有产出，所以边际效应递减的规律仍然适用。

这时，萨伊导师对大家友好地笑了笑，说道：“给各位上课真的很愉快，但是美好的时光总是分外短暂。我关于边际的经济学课程就到此结束了，希望大家能从我的课程中学到一二。”

很多女学生都发出了恋恋不舍的叹息，王一也觉得，跟自己偶像在一起的时间实在太短暂了。

“噢，对了，”萨伊导师笑着说道，“下节课大家可以期待一下！因为下节课的内容很重要，而且导师水平很高哦！”

在大家热烈的掌声和好奇的询问声中，萨伊导师微笑着消失在讲台上。

第五章
马尔萨斯导师主讲“人口”

本章通过四个小节，讲解托马斯·罗伯特·马尔萨斯的人口经济学内容。马尔萨斯的理论曾对大卫·李嘉图产生过影响。为了帮助读者更好地理解马尔萨斯的人口经济学，作者将马尔萨斯的观点熟练掌握后，又以幽默诙谐的文字呈现给读者。对人口经济有兴趣的读者，本章是不可错过的部分。

托马斯·罗伯特·马尔萨斯

（Thomas Robert Malthus，1766年2月13日—1834年12月23日），人口学家、经济学家。以其人口理论闻名于世。他在《人口论》（1798）中指出：人口按几何级数增长而生活资源只能按算术级数增长，所以不可避免地要导致饥馑、战争和疾病。他呼吁采取果断措施，遏制人口出生率。

达尔文终生都是马尔萨斯的崇拜者，称他为“伟大的哲学家”。华莱士称马尔萨斯的著作是“我所阅读过的最重要的书”，并把他和达尔文通过学习马尔萨斯理论，各自独立地发展出的进化论称作“最有趣的巧合”。

第一节　人口与经济的关系

又到了星期六，王一习惯性地定好了闹钟。整整一天，他都处在一种心不在焉的状态。他控制不住自己的思绪，一直在想，今天又是哪位导师来讲课呢？讲的又是什么内容呢？

这样的想法简直要把王一折磨疯了。好不容易熬到了十一点半，王一一个箭步冲出宿舍楼，直奔礼堂而去。

在学生们的讨论声中，一位白发老者缓缓走上讲台。他穿着一身牧师的黑装，手中攥着一本圣经。老人的眉梢很高，五官坚毅，但嘴唇稍微有些缺陷，整个人透着一股严肃劲儿，让人不由自主地心生敬畏。

这不是英国传教士吗？怎么上讲台了呢？王一正胡思乱想着，老者用沧桑却富有智慧的嗓音开了口："各位晚上好，我是今天的讲师，托马斯·罗伯特·马尔萨斯。"

"哦！您就是达尔文和华莱士的偶像！马尔萨斯先生！"前排的一位男同学激动地站了起来。马尔萨斯导师对他报以了严谨却友好的微笑："是的，我就是马尔萨斯。我们今天要学习的课程内容，正是我毕生研究的心血——人口经济学。"

马尔萨斯导师开门见山道："各位都知道，人既是生产者又是消费者。所以，人口的数量变化、人口的素质变化以及人口的迁移等，都会对社会经济产生影响。"

场下的学生们点点头表示认同。

马尔萨斯导师继续说道：“在人口与经济发展的相互关系上，从根本上讲，人口数量与增长速度最终要受到生产力水平和经济发展的制约。只要生产能够满足新增人口的需要即可，假如经济发展速度比人口增长速度快，就能让人们的消费水平提高。”

“然而，”马尔萨斯导师摊手道，“发展经济就需要增加相应的生产资料，但生产资料不是无穷无尽的，因而当人口增长到一定程度之后，人反而会成为经济增长的负担。”

“例如在农业社会，农业科技革新的一个途径就是农业机械化，而机械的应用必将减少大量从事农业的劳动力。”马尔萨斯导师补充道。

王一点点头，如果人口急剧膨胀，为了保证所有从事农业的人都有一份收入，政府就不得不把那些本可以腾出来的劳动力再勉强塞回农业生产中，继而阻碍了农业的机械化进程。

马尔萨斯导师说：“在一个传统的农业社会，人口与经济之间相互依存、相互制约、相互渗透、相互作用。人口与社会经济由于各自本身内在的原因和外在条件的影响，都在不断地运动和变化着，这种运动和变化是在两者之间的相互作用中实现的。”

马尔萨斯导师用板书将这样几个因素展示给同学们。

首先，经济发展决定了人口的生产和再生产条件，直接或间接地给人口的出生和死亡以影响，制约着人口数量的发展变化。

其次，经济发展还是人口迁移变动的决定性因素。工业、农业、商业、交通运输业的发展状况，对人口的密度和分布、人口迁移的流向和流量都起着制约作用。

最后，人口的社会构成也取决于经济的发展。阶级、职业、文化教育等，既受经济发展的影响，又受经济制度的制约，并随经济条件的变化而变化。

马尔萨斯导师微笑道：“简单来说，经济离不开人口，人口是经济活动的主体，如果没有人口，就不可能有任何经济的活动与发展，也不会有社会，更不会出现经济制度。”（如图 5-1 所示）

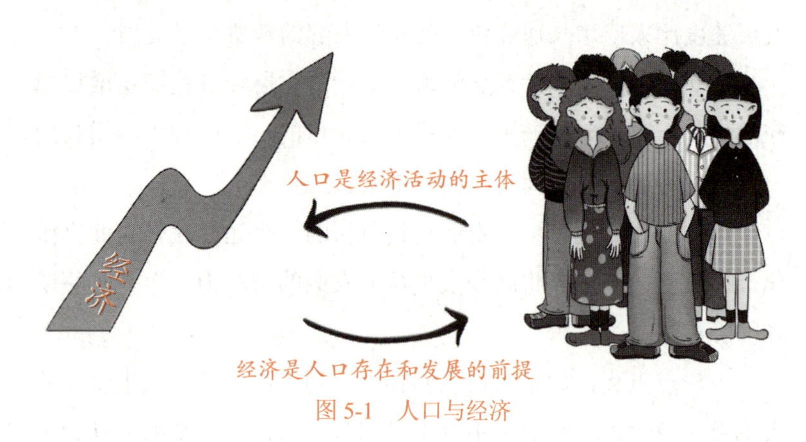

图 5-1　人口与经济

马尔萨斯导师继续讲道：“人口数量对经济发展有着重要影响，人口数量需要按经济发展增多或减少。如果人口过多，就会导致资源紧缺，从而因为资源抢夺而导致各种灾难的出现；如果人口过少，则缺乏劳动力，延缓经济的发展：只有人口数量符合经济发展的需求，才能促进经济的发展。”

“与此同时，人口素质的提高也对经济有着至关重要的影响。人口素质的提高能促进科学技术的发展，能促进管理水平的提高，有利于经济的发展。此外，人口分布的合理性，也有利于开发自然资源，保持生态平衡，促进经济发展。”

王一对马尔萨斯导师的话深表赞同。如果人口过多，必然带来环境问题和就业问题，这些问题不但对经济大有影响，还会导致国家环境出现危机。

人口生产总是要适应经济的客观要求。也就是说，经济发展状况决定人口的发展，人口变动必须与经济发展相适应。

马尔萨斯导师告诉台下的学生们，人类从古至今一直遵循着两个公理：

一是食物是人类生存的必需品，二是男女间的情欲是天生的，而且会一直保持下去。因此，人口的增殖力总是要比土地提供人类生活资料的能力要大得多。

马尔萨斯导师强调："人类社会的发展始终要受经济条件的制约。在人口调控问题上，我提出过两个抑制理论：积极抑制和道德抑制。"

王一和其他学生纷纷点头。是的！人口与经济发展之间的关系，并不是简单的正负关系，人口对经济具有多方面的影响。（如图 5-2 所示）

图 5-2 人口与经济的关系

一方面，人口为经济发展提供劳动力，劳动力带给经济发展推动力；另一方面，人口数量过多则为经济带来阻碍，人口增长影响资本积累，对资源和技术发展产生压力等。

"刚才我们已经讲到了人口与经济学的关系，"马尔萨斯导师微笑着说，“下面，我们来详细讲解一下这部分。”

说完，马尔萨斯导师在黑板上写下一行字：人口大爆炸。

“我们应该客观地看待人口问题，发挥人口最大效用。”马尔萨斯导师顿了顿，提问道，“那么，谁能告诉我，人口到底是负担还是财富呢？”

第二节 “无解”的人口大爆炸

马尔萨斯导师说道：“对大多数夫妇来说，生孩子是一件值得庆贺的喜事。我是一个牧师，我也喜欢看到新生命降临到这个世界。”

“但是，”马尔萨斯导师话锋一转，“很多国家政府及联合国人口专家们，对新生儿的到来却忧心忡忡，因为这个世界正面临着人口大爆炸的危机！大家知道，人口爆炸除了对世界经济和生态构成严重威胁外，对每个人都影响巨大。”

马尔萨斯导师说着说着，突然有点不好意思起来，这让大家有些好奇。

“我认为，对人口增长与经济发展关系问题的讨论，最有影响的文献当属我在1798年发表的《人口论》。”

大家纷纷点头表示赞同。王一从心底同意这一点，因为对于人口和经济关系的分析，确实无人能出马尔萨斯其右。

马尔萨斯导师说道：“我的先验假设是，在没有其他因素制约的情况下，粮食生产只会以算术级数增长，而人口将以几何级数增长，这种假设所获得的结果是：产生大量的粮食无法供养的过剩人口。”（如图5-3所示）

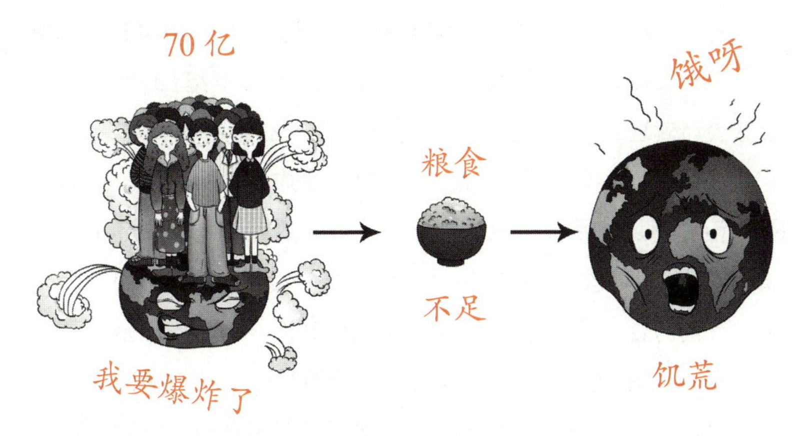

图 5-3 人口大爆炸

过剩的人口只能通过饥饿、瘟疫、战争等消极手段，或禁欲、节育等积极手段来消除。马尔萨斯导师用其《人口论》的观点，对同学们解释道：

“人口增长必然受食物或土地等自然资源的约束，当人口大爆炸而导致二者失衡时，只能通过消除过剩人口的办法实现平衡。我们经常能够看到国家、地区因抢夺资源爆发战争，其本质就是社会对于人口过剩进行的调节。而如果人类自己不采取积极手段，大自然就会采用消极手段。人类历史上频繁出现的饥荒、瘟疫就是大自然对人口的消极控制。”

马尔萨斯导师说道：“与此同时，人口问题还严重影响着一个社会总体的经济水平。经济发展，就必然带来人均消费水平的增高，而人口大爆炸，则会把消费水平重新拉回到最低水平，这就是所谓的‘人口陷阱’，也叫‘贫困陷阱’。”

马尔萨斯导师在黑板上写着：人口学家指出，如果世界人口依旧按照现在的速度增长，到2050年全球人口将会暴涨到89亿，这种涨幅实在很惊人。

王一点点头，他曾经看到过这样一则报道："从20世纪初到现在，全球总人口增加了两倍。但事实上，光从20世纪60年代至今，全球人口就增加了一倍，这显示了人口增长的速度越来越快。"

马尔萨斯导师指出："世界人口大爆炸，必将引发一连串问题。粮食不足就是最主要的烦恼之一，之后还有疫病、环境、气候等问题。但从粮食角度讲，全世界的专家至今仍想不出一套切实可行的方法，能够解决世界上的粮食危机。这一方面是粮食的产量问题，另一方面是地域发展不平衡所导致的结构性问题。"

"例如，欧美地区科技发达，并不存在粮食短缺问题，但非洲一些落后地区却长期存在此类问题，而人类现行的国际体系还没有办法将欧洲过剩的粮食按人头来救济给非洲的穷人，这便是结构性问题。"马尔萨斯导师补充道。

王一不由得心惊，可以预见的是：在资源有限的情况下，人与人之间，国与国之间，或者地区和地区之间因为争夺资源而引发的矛盾也会急速增加。恐怕用不了几十年，世界上的战争就会比现在更加频繁，人类将通过战争解决人口爆炸的危机。

马尔萨斯导师语气严肃地说："经济因素对人口自然增长的作用主要表现在：它决定了人口的增殖条件和生存条件，可以通过改变人口的出生率和死亡率来影响人口的自然增长率。一般情况下，当人口数量不能满足经济发展需求时，人口自身的再生产就会被刺激；而当人口数量超过了经济发展能提供的消费总数后，人口自身的再生产就会受到遏制。"

马尔萨斯导师告诉学生们："一般情况下，发达国家或发展较快的发展中国家，对人口具有一种吸引和凝聚力，人口机械增长为正值；相反，那些经济落后或发展缓慢的国家，对人口会产生一种排斥力和离散力，人口的机械增长会出现负值。然而我们看到，进入现代社会之后，由于社会文化和风俗习惯的原因，一些经济发达地区开始出现人口负增长，但那些经济落后地区却出现了人口大爆炸。”

马尔萨斯导师无奈地说：“19世纪前，城市人口才只占世界总人口的3%，当时，整个世界人数超过800万的城市只有两个，而如今城市人口暴涨，千万人口的超级城市遍地皆是。”

马尔萨斯导师接着说：“人口学家统计，在一些较为稳定的发展中国家里，由于大量人从农村迁移到城市，最终导致该国家的城市人口每天增加35万人，而国家总人口却每天仅增加17万人，城市人口增长速度是国家总人口增长速度两倍。而根据20世纪的数据，世界人口是每40年翻一番的，城市人口则是以每20年翻一番，而发展中国家的城市人口则是每15年翻一番。”（如图5-4所示）

图5-4　世界人口

王一可以预想到，将来世界上可能会出现人口过亿的城市。而且城市人口居高不下，从现在看是一种发达，从长远看，则是一种掩饰在繁荣下的悲剧。

马尔萨斯导师继续说道：“美国的大纽约区，只用了5年时间，就把城市规模扩大了60%，从中央广场到市郊的直线距离就有160多公里；而英国的大伦敦区，从南到北的直线距离也已经扩大到320公里之多。”

城市对土地如此疯狂地蚕食，必将给人类生存带来致命的灾难。

马尔萨斯导师的一番分析，让在场的学生都陷入沉默。这些触目惊心的数据击打着学生们的心，王一甚至已经在脑海里勾勒了一幅人口爆炸的景象。

似乎是为了缓解沉重的气氛，马尔萨斯导师换了一种稍微轻松的语气说道：

“当然，只要我们应对得当，人口大爆炸的现象是可以控制的，因为正如我所说，一些发达地区已经解决了人口大爆炸问题，甚至进入人口负增长阶段。那么现在，谁能告诉我人口出现负增长的原因又是什么呢？”

第三节　人口为什么会负增长？

马尔萨斯导师的问题一抛出，学生们就开始了积极的讨论。王一听见有人说：“是因为自己都活不下去了，不想生孩子了”。

这位同学的话引起了一阵哄笑，马尔萨斯导师也跟着笑了起来。

王一想到，如果人口不涨反降，就像马尔萨斯导师讲的那样——劳动力不足，服务性和生产性的工作将面临停滞，劳动力成本也会增加……

按照生物的本性，只要条件允许，它们就会无限繁殖后代，不断扩张生存空间。但人类发展到现阶段，反而是发达国家的人口在锐减，而发展中国家人口却不断增加，这是为什么呢？

文明发展到某个阶段后，就不以繁殖后代和扩张生存空间为首要任务了？如果是这样，那是不是意味人类文明已经达到顶峰，转而走向衰亡了呢？

马尔萨斯导师似乎看出了王一的疑惑，笑道：“其实并非各位想象的那般，我们可以看到，越是发达的地区，其人口越有可能呈现负增长。在中国，这样的例子也很多，大都市里的人一般都选择晚婚晚育，甚至不要孩子；而农村人则会生很多孩子。这其实都是有原因的。”

马尔萨斯导师拿欧洲作例子，从多个方面解释了欧洲人口负增长的原因。

第一是经济原因。欧洲国家经济发达，特别是西欧，已经达到了非常发达的水平。欧洲社会福利制度完善，所以不需要“养儿防老”。相反，养育孩子成本太高，又很耗费精力，所以生育与否全凭自己的喜好。（如图 5-5 所示）

欧洲家庭

中国家庭

图 5-5　人口负增长的原因

由于欧洲经济发达，大机械生产早已替代了人工劳动，所以欧洲生产效率高，所需要的劳动力也比较少，在很长一段时间里，欧洲都没有依靠生育来解决劳动力短缺问题的动力。

第二是文化原因。在有些文化传统中，有类似于“不孝有三，无后为大”的思想，所以很多年轻人受到必须生孩子甚至必须生出男孩的思想束缚。但也有些文化更多的是追求自由。

此外在某些文化中，如果一个妇女生育两个及以上的孩子，就会被家庭牢牢拴住，她们必须选择照顾孩子，不然就会被人指责。生养孩子让她们没有精力再去工作，不得不成为专职太太。而另一些文化中的妇女则不会受到这种束缚。

第三是环境原因。欧洲东部和北部等很多地方气候寒冷，这会让人们逐渐失去或减退生育欲望，还有如伦敦这样的城市，人口密度大，交通拥挤，生态破坏严重，也会让人失去生育欲望。

第四是政治原因。毋庸置疑，欧洲是世界经济发展的核心，其政治环境也比较稳定。但总部设在欧洲的“北约”，会对世界范围内的战争持积极参战态度。比如伊拉克战争、利比亚战争，“北约”都参与其中。所以，好战对欧洲人的生育热情也是有所打击的。

“总而言之，”马尔萨斯导师总结道，“欧洲发达国家社会福利制度完善，不愁养老；他们的经济模式又是资本技术密集型，不需要众多的劳动力；培养一个孩子，往往需要家庭和国家投入大量的资金和精力；死亡率方面，西欧国家老龄化严重，死亡率较高，所以这些国家人口往往呈现负增长。”

马尔萨斯导师强调：“民众幸福的原因，说白了，就看自己获得的资源是否丰富。但各位都知道，资源是有限的，如果人口过多，平均分配的资源就会减少。”

有学生说：“科技的发展应该能解决这些问题吧？”

马尔萨斯导师肯定道：“不错，科技发展可以解决一些问题，但却解决不了所有问题，这一点是被大多数人忽视的。”

马尔萨斯导师告诉学生们，不管科技如何发展，就算通过杂交、改良、转基因、施用化肥等手段解决了食物问题，还有很多问题是科技解决不了的，比如有限的生存空间问题。

“人类的生存环境是有限的，土地是有限的，车位是有限的，干净的空气和水是有限的，医院是有限的，学校也是有限的。就连草原都有一个牛羊承载极限量，一旦牛羊繁殖超过一定数量，就会让草原荒漠化，反噬牛羊。”

王一强烈赞同导师的观点，心想，所以国家在这方面有强制性政策，这是大家都能理解的。牛羊才消耗多少资源？一个人从出生到死亡，中间要消耗比牛羊多得多的资源，可大部分人只看到了人的生产能力，却没能考虑环境的承受能力。

马尔萨斯导师说：“在承载限度内，人口增加是件好事，因为他们可以让经济发展得更快。但超过承载限度后，就是对经济的破坏，也就是对整个民族的破坏，甚至是对整个人类种群的破坏。”（如图 5-6 所示）

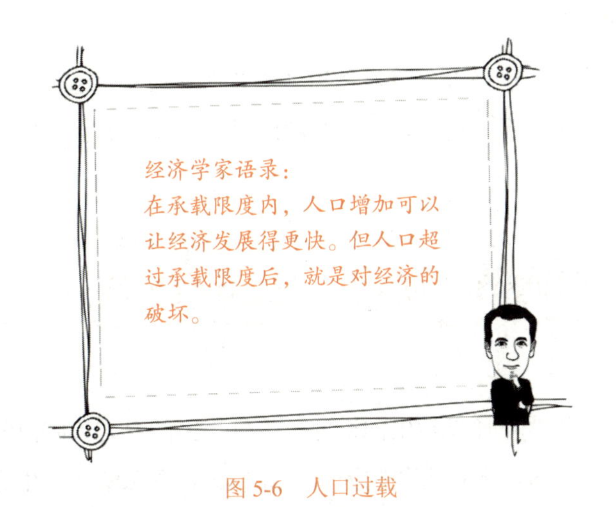

图 5-6　人口过载

日本在第二次世界大战后大力发展经济，其国民思想观念也发生了改变。加上日本的福利保障健全，能够做到老有所依，且多养孩子的成本很高，在这些因素的影响下，很多日本人都选择不生孩子，这就导致了整个国家的人口出生率下降。

“综上所述，人们的生活水平越高，其医疗卫生保健越好，人的寿命也越长。”马尔萨斯导师笑着说，“老年人在总人口的比重越占越大，死亡率高于出生率，这就导致发达国家或地区出现了人口负增长。”

王一知道，中国某些地区的人口也呈现出了短暂的负增长。首先，这些地区的城市化较早，大部分人都受到了良好的教育，但本地的机会有限，受到良好教育的年轻人与当地城市缺少的就业机会形成了强烈矛盾。这种矛盾必然导致当地人离开故土，到其他城市寻找新的机会。这也是经济规律的必然结果。

“大家知道有一种陷阱是以我的名义命名的吗？”马尔萨斯导师苦笑道。

“马尔萨斯陷阱！”“人口陷阱！”台下的学生们纷纷回应道。

“是的，正是人口陷阱。”马尔萨斯导师摊手道，“下面我们就一起来看看，用我名字命名的陷阱，究竟是怎么一回事。”

第四节　所谓“马尔萨斯陷阱”

马尔萨斯导师对学生们讲道：“广义上的‘人口陷阱’，是指一定时期内，人口无限制繁殖，导致各种资源匮乏，生态环境恶化。当人口与生态环境平衡被打破时，人类将因饥荒或争夺资源的战争而大量死亡，人口数量减少。”

马尔萨斯导师微笑着说：“而狭义上的‘人口陷阱’，是指人口增长会抵消任何超过最低水平的人均收入，使它退回到原来的最低水平。人口陷阱的存在，是发展中国家经济落后的原因之一！”

王一倒吸一口凉气，看来，发展中国家要想解决人均收入过低的问题，就必须从这个“人口陷阱”中跳出来！

马尔萨斯导师引领学生们的思路，说道：“为此，发展中国家就必须有大规模的投资，使总收入达到一个较高的水平，让人均收入的增长速度超过人口增长的速度。”

马尔萨斯导师进而一针见血地指出：虽然人口增长会暂时带来经济增长，但经济增长又成为人口增长的动力，当人口压力到达临界点时，就必然会爆发毁灭性的战争。

王一点了点头，中国古代历史已经完美地印证了马尔萨斯的观点：在新王朝开始时，人口不多，社会各方面的矛盾也不突出。一旦到了王朝后期，人口发生爆炸性增长，农民土地少，赋税重，社会矛盾激烈。

这就会不可避免地发生农民起义。发生起义会导致社会大乱，最后会有很多人死于战争，然后建立新的王朝。看来农民起义的最大原因，就是“马尔萨斯陷阱”。

太平天国和捻军就是最典型的人口爆炸产物。清朝在太平天国起义后，开放了向东北、内蒙古的移民，这也是政府缓和人口爆炸问题的一种策略。

马尔萨斯导师说：“对于‘人口陷阱’问题，我还是拿欧洲作为例子。早期的欧洲国家经济条件差，瘟疫频发，人口增长缓慢。到了中世纪后期，欧洲经济发展迅速，人口爆炸性增长，社会开始陷入中世纪危机。”

“中世纪时期，农民起义层出不穷，社会动荡万分，”马尔萨斯导师说，“然而，哥伦布在这个时候发现了美洲新大陆，将欧洲的大量人口迁移到美洲，从而摆脱了‘人口陷阱’。”

按照西方的历史经验，在工业革命开始之前，人口暴涨是不可能实现的，必将受到“人口陷阱”的限制。而之后，英国开拓了殖民地，推进了工业与技术革命进程，发展对外贸易，安全地绕过了“马尔萨斯陷阱”。（如图 5-7 所示）

图 5-7　用殖民摆脱马尔萨斯陷阱

对于这一段历史，王一深感无奈。虽然英国跳出了“人口陷阱”，但美洲人民却因被殖民遭受了不少苦难。而且，第二次世界大战以后的历史，也准确印证了马尔萨斯导师的观点：

人口压力导致了科技革命，科技革命刺激了经济增长，反过来，经济增长又成了人口爆炸的动力。如今，人口爆炸的压力已经突破了技术力量的极限，开始演变成全人类范围内的生存竞争。为了生存，新的战争不可避免。

虽说由于化肥、转基因等技术手段，人们能够勉强维持粮食资源，但其他资源，诸如石油、煤炭、水资源等的争夺战，还会随着人口爆炸愈演愈烈。

马尔萨斯导师仿佛猜透了学生们的心思，他说："石油也是一个'人口陷阱'。各位都知道，现代工业都是以石油为基础的。各个国家都对石油垂涎三尺，而石油的产量又十分有限，请问有限的供应，如何满足众多国家众多人口的需求？"

王一不由得脱口而出："战争！"

马尔萨斯导师沉重地点点头，说道："战争就会爆发，而且会不断加剧。水资源、煤炭资源和铁矿资源相对宽裕，但在一些资源紧缺地区，还是会爆发冲突，比如达尔富尔和以色列。"

马尔萨斯导师顿了顿，继续说道："而且，还有一个更大的'人口陷阱'，那就是世界市场。就像亚当·斯密导师讲的分工，发达国家的工业化必须要依靠海外市场。"

如今，海外市场也是极其有限的，拉美、非洲、印度和中东市场都争夺激烈，想要发展经济，争夺海外市场在所难免。一旦失去海外市场，国内失业率就会增长，社会矛盾就会愈演愈烈，直至引发动荡。

总的来说，一旦市场资源不足，就会产生自由竞争的大量生产和消费，最终结果肯定会陷入"人口陷阱"。经济将出现螺旋式下降，产品质量会降低，各国竞争也会变得不择手段，进而导致国家之间的战争。

王一不由得暗暗咋舌，如今国家都有大规模杀伤性武器，有的甚至有核武器，一旦“人口陷阱”爆发，将是不可想象的全球性灾难。

大家不由得感慨万分，原来人口与经济之间，还有如此千丝万缕的联系！

马尔萨斯导师握紧手中的圣经，说道：“今天的课程到此结束。孩子们，愿你们和整个世界都能变得更好。”

学生们纷纷鼓起掌来，马尔萨斯导师给王一带来了令人咋舌的一课，也让王一更好地了解到人口发展对经济带来的影响。在热烈的掌声中，马尔萨斯导师手捧圣经，消失在大家的视野中。

第六章
穆勒导师主讲“市场”

本章通过三个小节，讲解了约翰·斯图尔特·穆勒的市场经济。19世纪的欧洲，由于工业资本主义高度发达，工人工作环境差、待遇差，以及雇用童工等问题开始出现。而穆勒在1848年出版的《政治经济学原理——及其在社会哲学上的若干应用》是第一本影响西方经济学教育达半个世纪的教科书。对于想要了解市场经济的读者，本章是不可错过的部分。

约翰·斯图尔特·穆勒

（John Stuart Mill，1806年5月20日—1873年5月8日），英国著名哲学家、经济学家和心理学家。19世纪，约翰·斯图尔特·穆勒在古典自由主义人群中的影响力很大，支持边沁的功利主义。约翰·斯图尔特·穆勒的父亲是詹姆斯·穆勒，詹姆斯·穆勒也是著名的经济学家。受父亲的影响，约翰·斯图尔特·穆勒以新闻记者和作家身份写了不少著作。其著作有《逻辑体系》（1843）、《政治经济学原理》（1848）、《论自由》（1859）、《论代议制政府》（1861）、《效益主义》（1861）等。

第一节 市场：看不见的“上帝之手”

上周六马尔萨斯导师给王一带来的震撼久久未能消除，他去食堂打饭、等公交、去超市，时不时地会联想到各种人口问题。

经济学课堂越来越受欢迎，这周上课时间还没到，礼堂已经来了很多人——甚至还有很多学生被堵在门口，因为他们没收到卡片，所以守门的年轻人禁止他们进入——这也让王一暗自庆幸自己当时接受了卡片。

十二点，整个礼堂座无虚席，所有人都目不转睛地盯着讲台。只见一个穿着19世纪绅士服的中年男子缓缓走上讲台。

“噢！天哪！”台下有些学生发出了惊叹声。倒不是因为这个人大家都认识，而是因为走上台的这位经济学家有着光亮的大脑门儿。

他的眼睛很深邃，鼻子很突出，嘴唇很薄，整个人显出一副很有智慧的样子。王一一眼就认出了他，因为他的发型简直跟书里一模一样。果然，学生们纷纷向他致意：“您好，约翰·穆勒导师！”

约翰·穆勒导师向台下的学生们点点头，问道：“各位都知道‘看不见的手’吗？”台下有一半以上的人摇头，王一点点头。他是学经济学的，学经济学的人怎么能不懂“看不见的手”呢？

约翰·穆勒导师再次点点头，说道：“说白了，‘看不见的手'就是指市场的自我调节，而不是人为地对市场进行干预，因为这种自我调节是自动进行的，人们无法察觉，因此又被称为'看不见的手'。而市场调节的主要方式包括三个方面：生产什么，如何生产，为谁生产。"（如图 6-1 所示）

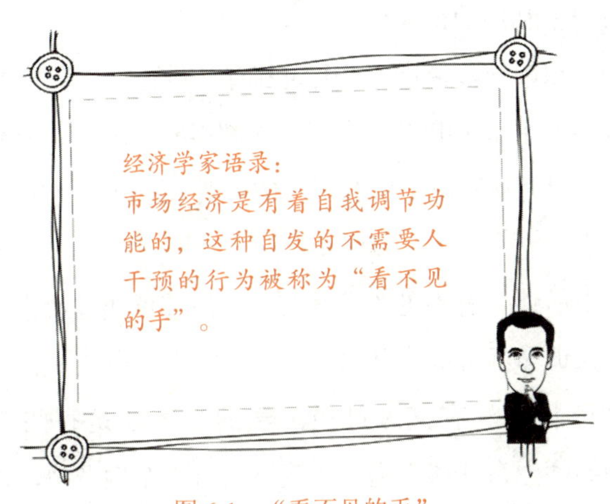

图 6-1 "看不见的手"

台下的同学们纷纷在本子上记起了笔记。

约翰·穆勒导师接着讲道："市场调节这三个方面所使用的手段是价格机制和价值规律，换句话说，就是哪种产品需求量大、利润高就生产哪种产品；哪种产品生产方式成本少、获利多就用哪种方式；谁出价高，就为谁生产。"

王一知道，"看不见的手"曾是西方资本主义国家最为推崇的经济方式，但由于市场自我调节的弊端，最终引发了 20 世纪 30 年代的经济危机。此后，资本主义国家才渐渐加强对经济的干预。

"看不见的手"的原理，就是强调在自由的竞争市场中，市场机制能够有效实现资源的合理配置。

在当今社会中，几乎每个人都在力求得到个人满足。一般说来，人们不会特别渴望增进公共福利，但总有一只“看不见的手”，引导他们去促进社会利益。这只“看不见的手”，实际上就是人们自觉按照市场机制的作用，自发调节自己的行为。这样可以实现消费效用和利润的最大化。

约翰·穆勒导师说道：“人人都有‘利己心’，是‘利己心’驱使着人们追求最大利益，当每个人都得到了利益，社会也就得到了利益。因为财富就是所有国民的消费，这也是‘看不见的手’的实质。”

“综上所述，看不见的手其实就是指市场通过价格、供求关系和竞争来调节经济的一种自发手法。”

大部分从来没有接触过经济学的学生还是有些迷茫。约翰·穆勒导师无奈地摊手道：“我给大家举个例子吧，当某年猪肉价格过高时，就有很多养殖户选择养猪，从而增加猪肉供给；因为大家都养猪，猪肉的供给量大大增加，从而导致价格下降；养殖户因猪肉价格下降放弃养猪，从而供给减少，猪肉价格又会上升。”

学生们恍然大悟。就像前两年樱桃价格飙升，农户们纷纷改种樱桃，结果樱桃供过于求，导致价格暴跌一样！

约翰·穆勒导师接着说：“通过价格的周期性变化，有一些养殖户会因为成本优势活下来，猪肉价格会呈现螺旋式下降，这就是市场自发调控的结果。它会让一些养殖户提高效率，或者降低成本。”（如图 6-2 所示）

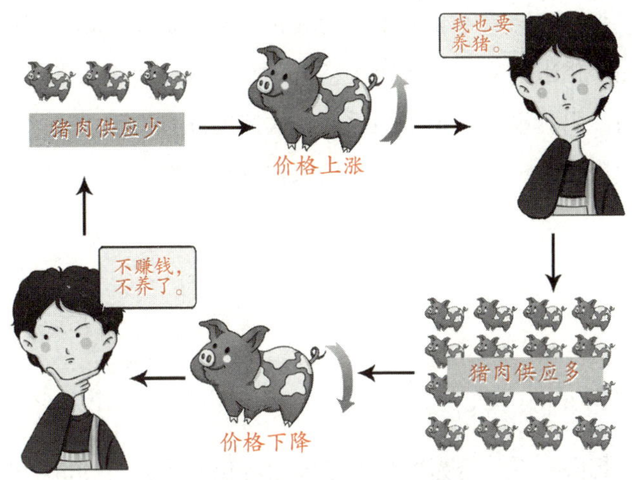

图 6-2 “看不见的手”——市场

王一点点头，他记得这样一件事：20 世纪 80 年代，我国正值改革开放初期，当时引进了几百条冰箱生产线。政府的计划部门采取了宏观调控，告诉厂商们不要重复引进，避免资源浪费，但是冰箱厂商却不买账。

这个时候，就是“看不见的手”起到了巨大作用。无数厂家生产冰箱，市场竞争激烈，大家不得不采用降低成本、提高技术水平、延长使用寿命的方法，只有这样才能在日益激烈的市场竞争中生存下来。

结果，冰箱行业经过十几年的发展，让中国成为世界冰箱出口大国。而被国家格外关照的汽车产业，如今虽已初见规模，但其成长的过程却是相对缓慢的。

约翰•穆勒导师强调：“市场调控这只‘看不见的手’，是撬动经济发展的重要杠杆。”王一和台下的学生们纷纷点头。无数实例都印证了约翰•穆勒导师的观点。市场这只‘看不见的手’，一直在操控市场经济的发展。

"那么，'看不见的手'的最常见形式是什么呢？那就是供求关系，供求关系通过影响价格来调节市场，而这才是各位关注的事情。"穆勒导师拍了拍手，将大家的注意力吸引过来，"下面，我来给各位详细讲解一下供求与价格！"

第二节　价格：市场的信号

"想必大卫·李嘉图导师已经给各位简单介绍过价格与价值了。"约翰·穆勒导师微笑着对学生们说道。台下的学生们点点头，王一也对大卫·李嘉图导师的课程记忆犹新。

约翰·穆勒导师说道："价格，就是商品和货币交换时，对单位商品量货币的多少的表现形式。或者说，价格就是价值的表现，价格是商品的交换价值在流通过程中所取得的转化形式。"

王一暗自点头，他明白，在经济学中价格是一项以货币为表现形式，为商品、服务及资产所订立的价值数字。资源在供应与需求二者之间被重新分配的过程中，价格是重要的变数之一。这些都是自己的专业课导师提到过的。

约翰·穆勒导师接着说道："在现代市场经济学中，价格被看作是因供求间的互相平衡、相互影响而产生的，而在古典经济学中，价格则是对商品内在价值的体现。"

约翰·穆勒导师笑着说："价格在经济学里扮演着许多角色，它有6种职能，大家应该把这些职能牢牢记住。"台下的同学们立刻打开了笔记，随着约翰·穆勒导师的话语一笔一笔地认真记录起来。

价格的第一个职能是标度职能。标度就是价格在表现商品价值量时的度量标记。在商品经济条件下，劳动时间是衡量商品内在价值的尺度，货币是劳动时间的具体表现形式。

“需要注意的是，货币价值尺度的作用是通过价格来实现的，价格是在观念上表现商品价值量大小的货币标记。”约翰·穆勒导师强调道。（如图 6-3 所示）

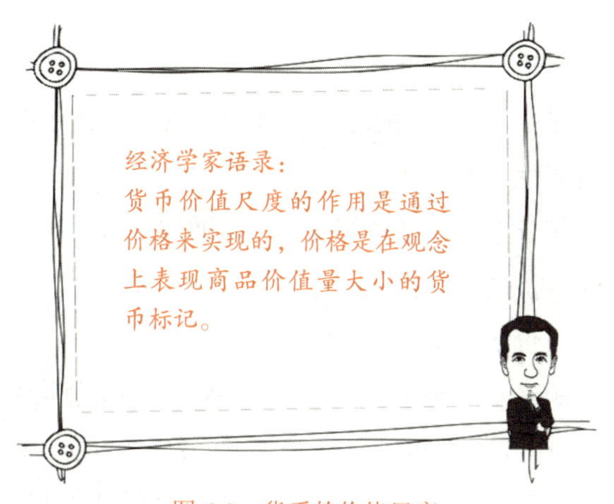

图 6-3　货币的价值尺度

价格的第二个职能是调节职能，即价格所具有的，能调节经济活动和经济关系的功能。由于商品在价格和价值方面经常存在不统一的情况，所以价格的每次变动，都会引起买卖双方利益的转换，因而价格成为有效的经济杠杆。

“最典型的例子就是，”约翰·穆勒导师比画道，“当有许多人想买玫瑰金饰品时，玫瑰金饰品的价格就会被炒作得一路飙升，使很多买不起的人放弃购买，等无人问津时，玫瑰金饰品的价格又会下降。”

价格的第三个职能是信息职能。价格变动能为人们传递市场信息，反映市场供求关系变化状况，引导企业进行生产、经营决策。价格的这种职能是在商品交换过程中形成的，也是市场上多种因素共同作用的结果。

价格的第四个职能是表价职能，即价格表现商品价值的职能。表价职能是价格本质的反映，它用货币形式把商品内含的社会价值表现出来，从而使交换行为得以顺利实现，也向市场主体提供和传递了信息。

约翰·穆勒导师强调说："需要注意的是，越是发达的市场经济，其价格的表价职能越能得到充分体现，也就越能显示出表价职能的重要性。"

价格的第五个职能是核算职能。即通过价格，对商品生产中的整个国民经济的劳动投入进行核算、比较和分析，价格的核算职能是在其表价职能基础上产生的。

"各位知道，具体的劳动和不同商品的使用价值是不能进行比较的。价格的核算职能可以为企业核算盈亏创造可能，还可以给社会劳动在不同产业部门、不同产品间的合理分配提供计算工具。"

价格的第六个职能是分配职能，即它对国民收入再分配的职能。这是由价格的表价职能和调节职能衍生出来的。国民收入再分配可以通过税收、保险、国家预算等手段实现，也可通过价格这一经济杠杆来实现。

"各位应当了解，"约翰·穆勒导师说，"当价格实现调节职能时，它同时也承担了国民经济收入在企业和部门间的再分配职能。"

约翰·穆勒导师接着说："在市场中，价格的作用主要有三点：价格是商品供求关系变化的"指示器"；价格水平与市场需求量的变化密切相关；价格是实现国家宏观调控的一个重要手段。"

“在市场经济中，”约翰·穆勒导师比画道，“产品的价格、品牌、质量担保等都是市场信号的主要表现形式，其中最重要的还是价格。”

企业可以借助于价格，不断调整生产经营决策，调节资源的分配情况与方向，促进社会供求平衡。市场可以借助于价格，直接向企业传达供求信息，各企业再根据市场价格信号组织生产经营。与此同时，价格水平又是市场上商品销售状况的重要标志。

约翰·穆勒导师说道：“一般来说，在消费水平不变的情况下，市场上某类商品的价格越高，消费者的消费欲望就越小，需求量也越小；反之，商品价格越低，消费者对它的购买欲望就越大，需求量也就越大。”

就比如大白菜，当市场上大白菜的价格过高时，消费者可能就不买大白菜，或少买大白菜，或购买白萝卜等蔬菜来替代大白菜。因此，价格水平的变动，起到改变消费需求量、需求方向和需求结构的作用。（如图 6-4 所示）

图 6-4　价格是市场的信号

价格所显示的供求关系是市场最实用的信号，它为国家的宏观调控提供了信息。当某种商品的价格变动幅度过大时，国家就可以利用宏观调控，鼓励这种商品生产规模的增加或减少，从而调节商品的供求平衡。

"那么，为什么要讲这么多有关价格的内容呢？因为价格这种市场信号，正好可以在一定程度上避免'看不见的手'的不稳定，使市场供求大体趋于平衡。"

"各位听说过市场失灵和羊群效应吗？"约翰·穆勒导师微笑着问道。

"我只听说过刹车失灵。"一个女同学自言自语道，随即对约翰·穆勒导师调皮地眨了眨眼。穆勒导师并没有怪她的失礼，反而笑着说："你说的也没错，市场失灵和刹车失灵也是有异曲同工之妙的。"

"穆勒导师，羊群效应是否就是从众心理？"一个男生大声问道。

约翰·穆勒导师对他笑了笑，说："不错，下面，我就给各位讲解一下市场失灵和羊群效应的具体含义。"

第三节　市场失灵和羊群效应

约翰·穆勒笑着对学生们解释道："和刹车失灵一样，市场失灵是指市场没办法继续有效分配商品和劳务的状况。对于学经济学的人来说，市场失灵也通常被用于描述市场力量没办法满足公共利益的情况。

市场失灵的原因主要有两个：第一个是成本或利润价格的传达不合适，比如信息不符，进而影响经济市场决策机制；第二个是次佳的市场结构和垄断市场的影响。”

市场失灵经常会引发“用什么来取代市场”的争议。最常见对市场失灵的反应，是由政府部门产出产品及劳务。当然，政府过分干预也有造成市场失灵的可能。

约翰·穆勒导师说道：“中国市场失灵的表现之一，是在某领域内出现了有垄断行为的企业。什么是垄断行为呢？就是在经济市场化过程中，企业对市场形成的一种排他性控制。”

王一点点头，按照实际情况看，虽然中国市场还是非常灵活的，但某些领域内，仍然存在着一些有垄断行为的企业。而且，这种垄断行为不但有行业性垄断，还有地方性垄断。

地方性垄断严重的地区，会对外地产品在本地的销售数量进行严密控制，在价格上加大打压力度，而对本地产品实行补贴；并且对外地产品实行高门槛等歧视性限制，同时严格控制劳动力的流动。

“必须承认，地方性垄断是保护和扶持本地区、本部门利益的思想，”约翰·穆勒导师解释道，“它能在短时间内收到一定利益，但从长远来看，地方性垄断必然会妨碍整个市场机制的形成与发展。”

约翰·穆勒导师无奈地说：“如果市场秩序管理过严，就会带来一个严重后果——市场竞争机制难以形成。”

约翰·穆勒导师皱了皱眉，接着说道：“与中国的市场情况不同，西方的市场失灵多表现为经济垄断和自由垄断。”

西方的经济垄断是经济主体利用市场壁垒（各国为阻止和限制外国商品进口所设置的各种障碍），而对市场形成的一种排他性控制。经济垄断是一种普遍的垄断形式。

王一的高中历史学得非常不错。他知道，自19世纪以来，西方资本主义制度下的工商业都在迅猛发展，其市场也积极地发挥着调节作用。西方市场进行着优胜劣汰的选择，导致了一部分生产者被排挤，而另一部分则不断地发展。

随着资本主义的不断扩张，一些经济主体占据了市场支配地位，它们操纵和控制着市场，对商品的生产、价格、数量实现排他性控制。

约翰·穆勒导师接着介绍道："自然垄断是指那些因资源稀缺、规模经济效益、范围经济效益等经济理由而形成的垄断。自然垄断主要存在于第三产业中，这在西方各国历史上均有出现。"

王一知道，第三产业上的垄断主要有20世纪70年代以来，美、英等国对通信、运输、金融等自然行业垄断，并实行放松管制的规定。

"不管在东方还是西方，垄断都是市场失灵的重要表现形式，"约翰·穆勒导师颇为无奈地说，"但是人的欲望总是无止境的，人的利己心让他们不在乎整个市场的利益，只在乎自己的钱包。"

约翰·穆勒导师顿了顿，说道："大家都知道了市场失灵，下面我再给大家讲解一下什么是'羊群效应'。"

"羊群效应"，又被称为"从众效应"。专业点来说，就是个人的观念或行为，由于群体影响或压力，而与多数人靠近，向同一方向转变的现象。

约翰·穆勒导师说："一群羊被放出去吃草，你在第一只羊前面放一根木棍，第一只羊会跳过去；第二只、第三只也会跟着跳过去。这时，你把这根棍子撤走，会发现后面的羊走到这里，仍然会向上跳一下。"（如图6-5所示）

图 6-5 羊群效应

尽管那根棍子已经不在了，尽管剩下的羊不知道为何前面的羊会跳一下，但它们还是跳了。这就是所谓的“羊群效应”，也就是“从众心理”。

这种从众心理表现为，人们对人群中的优势观念和行为方式的“随潮”，表现为对长期占优势的观念和行为的顺从。人们会追随大众认可的，并将自我意见潜意识地予以否定，且不会去思考做这件事的意义。

约翰·穆勒导师摸着自己光亮的脑门儿，说道：“无论承认与否，群体观点足以影响他人，因为群体力量很容易让理性判断失去作用。比如市场上那些没有自己的预期或没有信息来源的投资者，他们总根据其他投资者的行为来改变自己的行为。”

王一最早知道“羊群效应”，是因为家里父亲在炒股，而这个词最早正是出现在股票投资中的，指的就是那些投资者在交易过程中的模仿现象，他们盲目地效仿别人，导致他们在某段时期内都会购买相同的股票。

在信息的不断传递中，许多人会发现自己的信息与其他人大致相同，从而更加深了彼此的从众行为。“羊群效应”是由个人理性转向集体非理性行为的一种非线性机制。

约翰·穆勒导师给大家举了个例子：“某个竞争非常激烈的行业中，如果这个行业的某个领军人物（领头羊）得到很多利益，那么整个行业（羊群）都会不断模仿他的一举一动。领头羊去哪里‘吃草’，其他的羊也去那里‘淘金’。”

无论是市场失灵还是羊群效应，都是市场经济紊乱的表现，这种表现随着市场经济的出现而出现，并伴随着市场经济的发展而一直存在下去。

约翰·穆勒导师等学生们的笔记记得差不多了，笑眯眯地对大家说道：“各位，欢乐的时光总是格外短暂。现在，我们已经到了该说再见的时候了。希望我的课程能带给大家启发，也祝各位晚安。”

教室里立刻爆发出热烈的掌声，以此送别这位伟大的经济学家。

第七章
凯恩斯导师主讲“宏观调控”

本章通过四个小节，讲解约翰·梅纳德·凯恩斯的“宏观调控”思想。约翰·梅纳德·凯恩斯被称为“战后繁荣之父”，为了帮助读者更好地理解其宏观调控理论，作者将凯恩斯的观点熟练掌握后，辅以风趣的文字呈现给读者。对此感兴趣的读者，本章不可错过。

约翰·梅纳德·凯恩斯

（John Maynard Keynes，1883 年 6 月 5 日—1946 年 4 月 21 日），英国经济学家，现代经济学领域最有影响的经济学家之一。他创立的宏观经济学与弗洛伊德所创的精神分析法和爱因斯坦发现的相对论并称为 20 世纪人类知识界的三大革命。凯恩斯的主要著作有《凡尔赛和约的经济后果》（1919）、《货币改革论》（1923）、《货币论》（1930）、《劝说集》（1932）、《就业、利息和货币通论》（1936）、《论概率》（1921）等。

第一节　完全自由市场是不存在的

周六已经成了王一最喜欢的日子，不是因为周六可以休息，而是因为每周六的晚上他都能进入那个神秘的经济学课堂。学校的这间大礼堂，已经成了学生心中的一个传奇。

今天又会是哪位导师讲课呢？王一暗暗想着，然后迈着轻松愉快的步子，和其他学生一起迈进了礼堂。大家都坐好后，表上的指针也指向了十二点，只见一位西装革履的中年男子迈着小步，庄重地走上了讲台。

导师穿了一身笔挺的西装，西装裁剪得体。导师那抹满摩丝的头发中分在两边，油光发亮，一张蓄有小胡子的脸，给人一种认真严肃、不苟言笑的印象。

然而，这种严肃的气氛，在他一开口就破了功：“嗨！大家好啊！我是今天的经济学导师，我叫约翰·凯恩斯！”

大家纷纷笑倒，气氛也变得热烈起来。

约翰·凯恩斯导师用意气风发的声音讲道：“今日经济学课程的主要内容是宏观调控，这也是我毕生研究的重点。但在此之前，我想请问各位，有谁知道自由市场的概念吗？”

“自由市场？”王一心里暗道，穆勒导师讲过市场，自由市场应该就是按个人意愿进行金钱、货币流通的市场吧。

果然，约翰·凯恩斯导师说道：“自由市场是一个经济学术语，就是指货币、货物的流动，完全依据所有者的个人意愿而进行，坚持发展自由市场也是自由市场经济的主要原则。”

“但是，经济学概念中的市场是抽象的市场，是理论中的而非具体的市场。”约翰·凯恩斯导师强调道，“而理论中的自由市场一个重要的表现是：不受政府的调控和干预，政府只对市场施行最低限度的职能，比如维护法制和产权。”

约翰·凯恩斯导师友好地笑了笑：“我听前面几位导师说过，中国的学生们思维总是很活跃的，那么，我有个问题要问各位。”

台下的学生纷纷摩拳擦掌：“您问吧。”

约翰·凯恩斯导师说：“各位都知道了自由市场的定义，那么，这个世界上存在完全自由的自由市场吗？”

大家愣了一秒钟，口径出奇地一致：“当然不存在。”

“为什么呢？”约翰·凯恩斯导师笑着问。

大家都笑了：“我们在学习马克思主义哲学这门课程时，导师就教过我们，万事无绝对，只有相对！”约翰·凯恩斯导师突然把脸转到幕后笑了一下，大家正纳闷是怎么回事，他很快又回过头来。

“中国的学生果然思维敏捷，下面我就给各位讲解一下，完全自由市场为什么不存在。”

约翰·凯恩斯导师说道：“在自由市场理论中，自由往往被理解为带有限制性的自由，而这无疑就打消了完全自由市场的可能。而如果这种自由被定义为无限，那么自由市场就会被定义为自由放任市场，而这又进入到自由放任主义经济学的模型中。”

约翰·凯恩斯导师接着说：“自由放任主义经济学是提倡限制政府对自由市场的干预，比如限制政府制止暴力和欺诈行为，放手让市场进行自我放任。因此，政府被限制到一个勉强防御的角色。除了通过征税来维持自由市场外，政府不会主动干预市场。”（如图 7-1 所示）

图 7-1　政府要调控市场

“有些完全自由市场的支持者甚至反对政府征税，他们宣称，完全自由市场能提供更有价值的服务，甚至连国防和法制也可以提供。例如，无政府资本主义能代替仲裁机构和防卫机构。”

约翰·凯恩斯导师耸了耸肩，说道：“坚持自由放任主义经济学的简直是一群狂热分子，他们这都是乱来。如果事情真的像他们所期待的那样，那么我敢说，这样的市场必然是一团乱麻。”

凯恩斯导师的话让人想到了20世纪初期的世界经济“大萧条”，那个时候西方发达国家所坚持的就是类似于自由放任市场经济。

约翰·凯恩斯导师继续说道：“所以，完全自由市场是不存在的，因为在实践中，坚持自由市场经济会出现很多问题。”凯恩斯导师讲了自由市场经济存在的几个问题。

第一，企业间的竞争是有限的，尤其一些规模较大或出现较早的公司，很可能会垄断一个行业。在这样的情形下，它们会使劲控制市场，提高产品售价，进而榨取高额利润。

第二，缺乏竞争和高利润，使其他中小公司失去推动社会经济发展的动力。

第三，权力和财富不可能会平等分配。

第四，一家独大的公司，其垄断行为对社会发展有极大危害。

第五，私有企业不会生产对自身无利的产品，即便这个产品对社会十分有用。

第六，自由市场经济会导致宏观经济不稳定，也可能会出现高失业率，出现整体生产率衰退和物价上涨。

第七，自由市场经济从私利出发，会造成自私、贪婪、物质和权力至上等观念盛行，导致社会风气变差。

事情确实如凯恩斯导师说的那样，完全自由市场让资本主义得到发展的同时，也酿成了巨大的苦果。

凯恩斯导师接着说："正是因为市场的完全自由模式有很大的局限性，所以就连发达的资本主义国家也不存在完全的自由，政府多多少少都会对市场进行干预，只是程度不同。"

王一知道，政府对经济进行积极干预正是凯恩斯导师所推崇的，比如著名的"罗斯福新政"，就是罗斯福总统在凯恩斯经济理念的指导下，通过政府对市场进行干预，从而让美国摆脱经济危机的，经济界也因此诞生了一个词汇——"凯恩斯主义"来纪念凯恩斯导师。

约翰·凯恩斯导师总结道："完全自由市场必然将人类引入到灾难当中，所以也就意味着，国家、企业和人民都不会放任市场自由无序地运行，大家都会有意或无意地对市场进行调控，这也就导致了完全自由市场是无法存在的。（如图 7-2 所示）

图 7-2　完全自由市场

对市场的干预，人类的任务就是要充分发挥‘看不见的手’和‘看得见的手’的双重作用，在市场自由发展的同时，灵活发挥政府的服务职能，为自由市场经济保驾护航。”

“那么，我还有一个问题想要问各位。”约翰·凯恩斯导师友好地笑了笑，“各位知道‘寻租’是什么意思吗？”

第二节　政府过度干预导致的“寻租”

“为什么要讲‘寻租’呢？我是想要用这个词汇来向大家解释，虽然完全自由市场是不可能存在的，但是如果政府对市场进行过度干预，也是一样会出现问题的！”约翰·凯恩斯导师笑着解释道，“寻租和租房子不一样！寻租的意思是手上握有公权力的一方，通过这种权力的授权为某些人带去利益，进而换得利益方对自己的回报。”

约翰·凯恩斯导师强调说：“但是各位要注意，如果不是出于公共利益，这种‘行政权力’是不允许被‘租借’的。因此可以这么说：凡是寻租行为，都是违反公平原则，甚至是非法的。”

王一点了点头，因为他听明白了寻租的意思。官员想为手里的权力寻到需要它的人，让这些人能通过他的权力，实现更大的经济利益；而官员也能靠这种行为，将自己的权力“出租”，实现权力变现，牟取私利。

约翰·凯恩斯导师给学生们举了个例子：“某饭店老板想在当地的大学里做餐饮，为了达到垄断市场，攫取巨利的目的，他贿赂了学校后勤部门的领导，让学校做出只允许他一家开饭店的规定，这种行为就是寻租行为。”

在市场经济下，为什么能够出现寻租呢？那是因为行政对于市场进行了过度干预。

寻租的本质就是市场运行规制不完善，政府过度以行政干预来挑战市场规律，因而给不法分子留出了用公共政策控制市场的空间。所以，在一般的市场内，大部分寻租行为都出现在诸如政府定价、政府订货、关税和配额等政府经济活动中。

约翰·凯恩斯导师给学生们举了几个转租的例子：

“你开车闯了红灯，交警要罚款300元，你递给交警200元，说：‘警官，我不要罚单，但能不能少交100元？’”（如图7-3所示）

图 7-3　所谓“转租”

“你是某市市长，国家拨款给你修路用，你让自己家亲戚承包公路，这样你就可以一分钱不出，还占一半股份。”

“你是某医院的采购，某家药厂给你两成的回扣，让你选他家的药给医院……”

约翰·凯恩斯导师说道：“这样的例子在政府过度干预的市场中比比皆是，寻租的方式就是运用各种手段把权力转化为金钱。”

约翰·凯恩斯导师接着说：“下面我给各位讲解一下寻租手段的来源。”

“第一种是政府定价。在政府干预市场的经济结构中，政府每实施一项重大的经济政策，就会出现一个利益分配的过程，在政府管制过程中，生产者和消费者的利益是对立的。为了追求利益最大化，政府一定会提高某些受管制产品的价格，为这些利益集团服务。”

“其中最典型的例子，就是政府对价格实施的管制。如果政府里有人经不住诱惑，就可能出现行政定价通过腐败和黑市转化成的市场价格，在这一转化过程中，市场价和行政定价的差额，就是不法分子获得的租金。”

“第二种是政府特许权。政府特许权是指政府对某类商品发放的‘特别生产许可权’和‘特别销售许可权’。”

约翰·凯恩斯导师说：“比如某国政府特别许可几家公司进行计算机生产；在交通拥挤的情况下，还能拍卖汽车购买权或驾驶执照等。因为获得‘特许权’的单位和个人能够通过其垄断地位获取巨大的垄断利润，这种利润就是不法分子可能寻得的租金。”

王一点了点头。确实，如果某地区从事烟草买卖的单位和个人十分有限，相应的，就会出现烟草的供不应求。因此，这些人就会想方设法获得烟草专卖许可权，以此来达到垄断租金的目的。

“第三种是政府关税和进口配额。”约翰·凯恩斯导师接着说道，“由于每个国家的生产要素和生产水平不相同，为了充分利用自己的优势资源，每个国家都会制定对自己有利的进出口政策，其中，进出口的关税和配额就是重要的因素。”

王一想到，如果不存在关税，那国际市场上“质低价高”的商品就会不断流向中国市场；如果存在关税，那中国市场上“质高价低”的商品就能在中国市场与国际市场“质低价高”的商品进行竞争。

“第四种是政府订货。”凯恩斯导师说，“在市场经济国家中，因为政府能力和技术限制，政府向私营企业购买产品和服务是常有的事。”

约翰·凯恩斯导师说道：“比如美国政府将军用品的生产、高速公路的建设等方面，交由私人企业承包。这就导致政府重要需求品被某些有权势的利益集团垄断，继而形成缺少盈利机会等问题。”

王一暗暗思考，如果负责验收的政府官员不够廉洁，那承包政府订货的利益集团就可能通过虚报成本、减少工程量和降低产品质量标准等手段，来达到寻得租金的目的。

约翰·凯恩斯导师无奈地说：“官员有权，商人有钱。商人会拿手里的钱去买官员手里的权，而官员为手里的权力寻找买主，实际就是官员将权力商品化，再作为一种商品租出去，参与商品交换和市场竞争，牟取金钱和物质利益。”

王一明白了，通常所说的权物交易、权钱交易、权权交易、权色交易等，原来都是经济学上的寻租问题。

约翰·凯恩斯导师犀利地说道：“寻租活动其实就是在‘掌握政治权力的人’和‘拥有财富的人’之间架起一座桥，一边用权力换钱，另一边用钱换权力，这就是寻租的表现，而这一切的根本就是政府对于市场有干预的能力，干预能力越大，寻租空间也就越大。”

“因此，适当的政府干预可以给市场经济创造公平的竞争条件，让某些集团难以形成垄断，促进市场经济健康有序的发展。”约翰·凯恩斯导师说道，“但政府的过度干预，就会破坏市场公平竞争，出现寻租，最终造成市场扭曲。”（如图 7-4 所示）

图 7-4 政府过度干预

学生们频频点头，确实，政府过度干预程度越深，市场就越扭曲，寻租活动就会呈现出恶性循环的趋势。

约翰·凯恩斯导师一针见血地说道："所以，政府对市场的过度干预也是社会腐败产生的现实经济基础，是腐败愈演愈烈的制度性原因！"

"那么接下来，围绕政府宏观调控，我们再提出下一个问题——房价。想必房子问题已经成为中国人密切关注的话题了吧？"约翰·凯恩斯导师停顿了一下，话锋一转。

约翰·凯恩斯导师果然犀利啊。

约翰·凯恩斯导师随即抛出了一个问题："谁能告诉我，作为政府干预的一种形式，明明没有寻租，但为什么限购令还是限制不住房价？"

第三节　为什么限购令限制不住房价？

约翰·凯恩斯导师的问题刚一抛出，立马引来了学生们的热烈讨论。是啊，大家都有这样的体会：政府越限购，房价就越高。这究竟是怎么回事呢？

约翰·凯恩斯导师说道："英国的楼市多年火热，疯狂的房价从一线城市逐渐蔓延到二、三线城市。我看这几年，中国的楼市也是比较火热的啊，而且，为了解决楼市问题，不少城市还推出了限购令。"

约翰·凯恩斯导师的话立刻引发了学生的讨论，等大家讨论得差不多了，凯恩斯导师这才笑着说道："房价上涨得越厉害，限购令就推出得越紧密，可是呢，限购令一推出，反而让房价涨得更疯狂。"

有个女生举手说道："是呀，我都纠结好久啦，到底应该买房子好呢，还是再等等好呢？凯恩斯导师，为什么限购令一出，房价却迎来了疯狂的上涨呢？"（如图 7-5 所示）

约翰·凯恩斯导师严肃地说："其实限购令就是一种'宏观调控'的手段，但它对房价起不到限制作用，这不仅说明了宏观调控不一定真的能够控制市场，也说明了市场自有其发展规律。"

"市场有什么规律呀，"女生好奇地问道，"虽然您前面已经提到了，完全自由的市场和政府过度干预的市场都是要不得的，但有人出面管理总是好的吧？"

图 7-5　限购令限制不住房价

约翰·凯恩斯导师耸了耸肩："我不是说它毫无用处，我只是说，限购令并不符合当前市场发展的规律。我们是经济人，一定要透过现象看本质。"

王一思索了一下，说道："那政府直接实施'禁购令'不行吗？您看，实施禁购令，其实就像美股实施的熔断机制一样，涨过多少个百分点就自动暂停当日交易，那房价不就能限制住了吗？"

约翰·凯恩斯导师摇了摇头，说道："亲爱的学生，你还是没有明白我的意思。这么跟大家说吧——不管是中国也好，英国也好，房价上涨都是符合市场发展规律的。所以，限购令这种宏观调控手段其实没有太大作用。各位可以想想，中国经济飞速发展，必然会吸引大量的资金涌入，而资金又倾向于那些投资回报率高的领域。房地产业作为回报率高的产业，必然引起资金的大量进入，而金钱的涌入就必然导致房价的上涨。”

王一点点头。不错，相比其他产业，房地产的确更能吸引资金。

约翰·凯恩斯导师继续说道：“此外，房价上涨的一个重要原因就是土地出让价格的上涨。”

“土地出让价格？”大家都是一头雾水。

约翰·凯恩斯导师失笑道：“当然了，开发商想建房产，肯定要先把土地买下来嘛，不然房子建到哪里？好了好了。就拿各地方的土地出让为例，假设合法拥有大片土地使用权的人被称作‘A’，开发商想从‘A’手里拿下土地，就必然要给予‘A’一定的金钱。可是，随着‘A’的不断出现以及他们对土地要价越来越高，房产的成本也就逐年攀升。为了盈利，开发商们必然想尽办法涨价。”

一位戴眼镜的女生举起手示意道：“等一下，凯恩斯导师，我有点儿糊涂了，您能说得再简单一些吗？”

约翰·凯恩斯导师略一思索，说道：“当然。如果把房子比喻成馒头，那土地就是面粉。你想一下，面粉涨价了，馒头有理由不涨价吗？所以，要想让馒头的价格降下来，最直接的办法不是政府号召大家‘限购馒头’，而是把面粉的价格降下来。”（如图7-6所示）

“噢！您这么说我就懂啦。”女生恍然大悟，“谢谢您。”

凯恩斯导师点了点头：“所以呀，从经济角度上看，不管是英国房价也好，中国房价也好，都不是‘限购令’就能降下来的。”

“那政府能不能增加土地供给？您想想啊，如果政府增加面粉供给，那面粉的价格不就下来了吗，那馒头的价格也跟着下来啦……”一个男生说道。

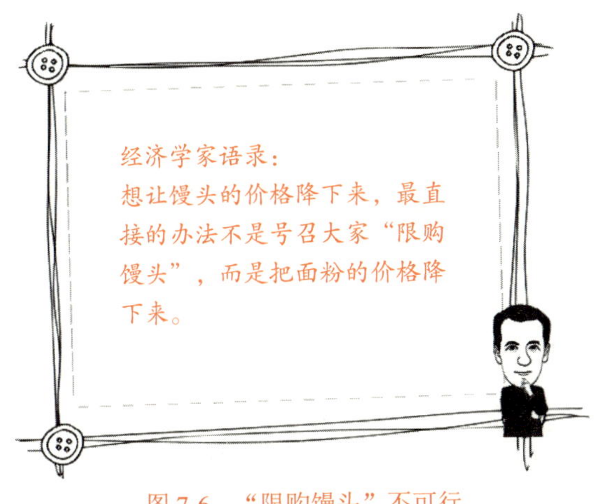

图 7-6 “限购馒头”不可行

还没等凯恩斯导师张口，王一就摇了摇头：“不对吧，这么想太简单了，毕竟我国的地价还关系到财政收入，关系到咱们老百姓的粮食安全等。增加土地供给，哪那么容易做到呢。”

约翰•凯恩斯导师笑眯眯地说道：“是啊，所以说宏观调控也是一盘大棋，需要极高的行政智慧呢，在这方面，中国政府还是表现得相当不错的。”

约翰•凯恩斯导师等学生们的讨论声小下来后，又抛出了一个犀利的问题：“好了，各位，想必大家对计划生育都不陌生吧？”

学生们都表示不陌生，计划生育经常出现在大家的生活中。不管是曾经的独生子女，还是现在的开放二胎，大家多少都遇到过。

约翰•凯恩斯导师狡黠地一笑，问道：“那你们觉得，人口多了，对国家是负担还是财富？”

第四节 国家对人口的调控对不对？

这个问题一问，台下的同学纷纷说：“是负担！”王一无奈地笑了笑，确实，中国人口数量长期位居世界第一位。而且大家还知道，人口问题一直都是关系我国国计民生的大问题，自从20世纪70年代开始，我国便实行了计划生育政策。

21世纪以来，中国经济、科技和军事力量发展迅速，取得了令人瞩目的成就，这或多或少都与限制人口过度增长、提高人口素质有着密不可分的关系。

约翰·凯恩斯导师打断了大家的思绪：“我知道，在座的大多数人都认为人口是经济的负担，毕竟大家已经上过马尔萨斯的课了。但我想告诉大家，看事情一定要全面。人口在某种程度上确实是负担，但它也可能会变成财富。”

约翰·凯恩斯导师讲解了人口对经济的负面作用，他有些严肃地说道：

“人口过度增长对经济有阻碍作用，这一点在全球范围内已基本形成共识。中国也因为认识到这一点，成功地实行了计划生育政策，使本国人口增长速度不断降低，增长率趋于平缓。”

约翰·凯恩斯导师还告诉学生们，有经济专家对于人口增长问题得出了研究结论：每当人口增长率降低0.1个百分点，人均GDP的增长率就能提高0.36～0.59个百分点。

约翰·凯恩斯笑道：“尽管该数据模型建立及有关结论有待

商榷，但从定性的角度分析，中国计划生育政策确实能有效控制人口过度增长，并对国民经济起到促进作用。人口自然增长率只要降低几个千分点，就能明显地促进人均 GDP 增长。”

“而且，人口数量还在耕地面积、淡水、海洋捕捞、森林、物种多样性、气候、能源、就业、收入、住房、教育等方面产生重大影响。”

约翰·凯恩斯导师告诉学生们：“像巴基斯坦、伊朗等人口增长飞快的国家，其人均耕地面积已经减少了一半！”

一些忽视人口增长和忽视计划生育的非洲国家，已经开始品尝人口剧增带来的苦果。他们被就业问题和受教育问题困扰。而那些人口增长很慢的发展中国家，其经济发展却飞快，其中包括韩国、中国、印度尼西亚和马来西亚等。

由于世界人口的过度增长，很多草原和森林开始受到威胁，大面积的草原和森林开始退化，人口问题还导致了大量的海洋渔业资源枯竭。（如图 7-7 所示）

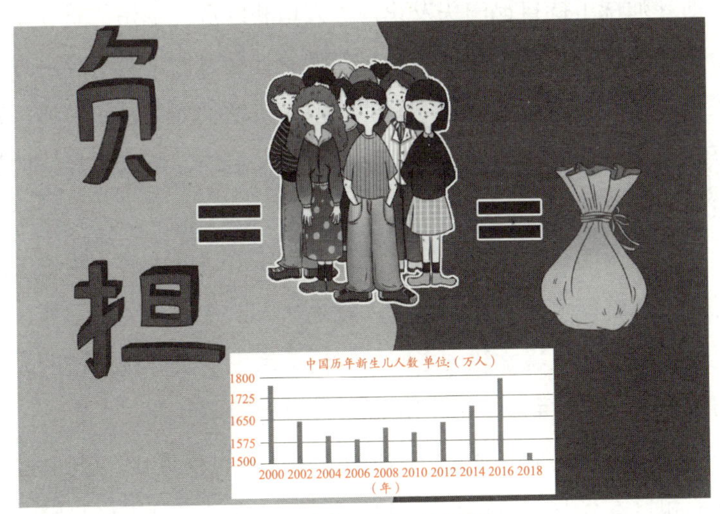

图 7-7 国家对人口的调控

在全球15个主要海洋渔业区中，就有11个渔场捕捞量急剧下降，严重阻碍了该行业的发展。

约翰·凯恩斯导师严肃地说："所以，如果世界各国不能抑制人口剧增，不能让经济可持续发展，不能控制人口增长轨道的话，经济的衰退将是不可避免的！"

大家都露出一副严肃而沉重的表情。约翰·凯恩斯导师停顿了一下，换了轻松的语气：

"那么，是不是只要人口不增长，甚至是负增长，就有利于经济的发展呢？"

学生们有些疑惑，难道不是吗？人家不都说，发达国家的人口都是负增长吗？

王一也隐约记得某研究报告上写道：在21世纪中叶，中国的人口将控制在16亿以内，并顺利实现零增长，然后开始缓慢下降……这将为中国全面建设小康提供良好的人口环境。

"人类发展的历史，说到底是人类经济发展的历史。"约翰·凯恩斯导师抚了抚自己的头发说，"人口和经济问题始终贯穿于社会发展的每一阶段，并且会一直伴随着社会发展。对于经济发展来说，过度的人口增长是不利的，但人口增长如果过于缓慢，甚至到了负增长的境地，也是不利于经济发展的，所以，经济的健康发展需要适度人口。"

要注意的是，这里的适度人口是指经济适度人口。约翰·凯恩斯导师解释道："换句话说，就是从人口变动和经济发展、资源供给、生态环境承载力之间的制约关系出发，寻找最佳的人口增长方式，以达到经济协调发展最佳目标的适度人口。"

王一点了点头，确实，人口的适度增长也很重要。想到美国、欧洲和日本等发达国家，他们的发展轨迹就是受到人口与经济相互影响的，近些年这些国家经济发展停滞与他们的人口增长缓慢有着直接的关系。

人口增长缓慢，必然导致人口老龄化严重，越来越多的老人只会让社会生产和消费陷入枯竭，进而彻底摧毁经济发展的活力。照此情况看，保持适度的人口增长，才能对一个国家的经济可持续发展起到促进作用。

约翰·凯恩斯导师说："所以，我们暂时可得出这么一个结论：因为世界各国各自的经济发展水平不一样，所以各国的人口素质及劳动生产率等皆不相同，适度人口规模和适度人口增长水平也都不一样。但如果人口增长规模偏离了适度增长速度，不论是剧增还是负增长，都会对经济发展起阻碍作用。

"所以，国家一定要对人口做好调控，这样才能让经济更好地发展，而这也将是国家对经济进行宏观调控中一个最容易被人忽略的领域。好了，各位，今天的课程就到这里了。"约翰·凯恩斯笑着对大家挥挥手。

学生们很舍不得约翰·凯恩斯导师，他们还想再学点知识，于是大家纷纷挽留他。约翰·凯恩斯导师神秘地笑了："哦，亲爱的中国学生们，请记住我的话，下一堂课，你们一定会感到惊喜。"

大家都迷茫地看了看彼此，然后用感激又期待的掌声，送走了这位伟大的经济学家。

第八章
马克思导师主讲“剩余价值”

本章通过四个小节，讲解了马克思的剩余价值理论。马克思认为，这是“政治经济学原理”的内容，这是“精髓”，后来人可以在这个基础上继续去研究。马克思认为资产阶级的灭亡和无产阶级的胜利是同样不可避免的。他和恩格斯共同创立的马克思主义学说，被认为是指引全世界劳动人民为实现社会主义和共产主义伟大理想而进行斗争的理论武器和行动指南。

卡尔·海因里希·马克思

（Karl Heinrich Marx，1818 年 5 月 5 日—1883 年 3 月 14 日），马克思主义创始人之一，第一国际组织者和领导者，被称为全世界无产阶级和劳动人民的革命导师、无产阶级的精神领袖、国际共产主义运动的先驱。

马克思的主要著作有《资本论》《共产党宣言》等。马克思创立的广为人知的哲学思想为历史唯物主义，其最大的愿望是对于个人的全面而自由的发展。马克思创立了伟大的经济理论。就他个人而言，他的极其伟大的著作是《资本论》，马克思确立他的阐述原则是“政治经济学批判”。

第一节 什么是剩余价值？

自从王一听完约翰·凯恩斯导师的课后，他就一直保持着极大的好奇。约翰·凯恩斯导师说的惊喜，究竟是什么呢？

抱着这样期待的心情，王一终于熬到了周六。这一天，王一几乎什么东西都没吃，一心盼着晚上的课程。今天会有哪位导师来讲授经济学呢？能让所有人都惊喜的导师究竟是谁？就在这混乱的思虑中，王一来到了学校的夜间大礼堂。

整个礼堂都充斥着热烈的讨论声，王一听见了很多导师的名字，虽然他们来讲课会让王一很兴奋，但应该不会到惊喜的地步。究竟是谁呢？全礼堂的学生们心中都带着这个疑问。

终于，十二点的钟声敲响了。王一和其他学生都坐直了身子，瞪着眼睛望着讲台。在大家的强烈期盼下，一位长着花白胡子的老者缓缓走上了讲台。

这位老者的头发和胡子很茂盛，全都是白色的，他的额头很宽，眼睛透着诙谐和智慧的光芒，他的嘴角噙着微笑，笑意盈盈地看着台下瞠目结舌的学生们。

噢，天啊，竟然是……

“您……您是马克思先生！”一个男生结结巴巴地说出了这个名字，顿时，整个礼堂沸腾了。王一也按捺不住内心的激动——在中国，每位大学生都上过关于马克思的课程，但是，自己有这个机会被马克思导师亲自指导，这让王一怎么能不激动呢？

怪不得约翰·凯恩斯导师在讲“有没有完全自由市场”时，会向幕后笑一下，原来马克思导师就在幕后！王一兴奋地想。

马克思导师说道：“各位中国的学生，大家晚上好，我是马克思，我很高兴能给中国的学生们上课。”

大家纷纷鼓起掌来，马克思导师微笑着说：“今晚，我给各位讲授的经济学内容是剩余价值。请问各位，有谁知道剩余价值是什么吗？”

“就是剩余的价值呗？！”一个男生大着胆子说道。马克思导师和其他学生哈哈大笑起来，马克思导师说道：“哈哈，剩余价值可不仅仅是指剩余的价值，还可以指超过的价值！”

马克思导师将剩余价值的标准定义告诉了大家——劳动者所创造的，超过自身及家庭需要的那部分价值，就被称为剩余价值。

马克思导师举了一个例子：“如果一名劳动者创造的价值，还不够或刚刚够自身和家庭的需要，没有一点超过的部分，那他就没有创造出剩余价值来。也就是说，如果工人创造的价值没有其工资多，那他就没有创造出剩余价值来。”

马克思导师介绍道：“关于剩余价值的定义，经过仔细考察其出现的各种场合，我们发现它并不统一，至少有两种。”

马克思在黑板上写下这样两段话：

第一种是从价值创造者角度来说的，“剩余价值”是与“自用价值”相对的概念。

也就是说，如果一个工人每个月能造出 20 台产品，但是他只造了 15 台，却拿着 20 台产品的工资，那他就没有创造出剩余价值；如果厂长只给他 20 台产品的工资，却让工人造出 30 台产品，那 10 台产品就是工人的剩余价值。（如图 8-1 所示）

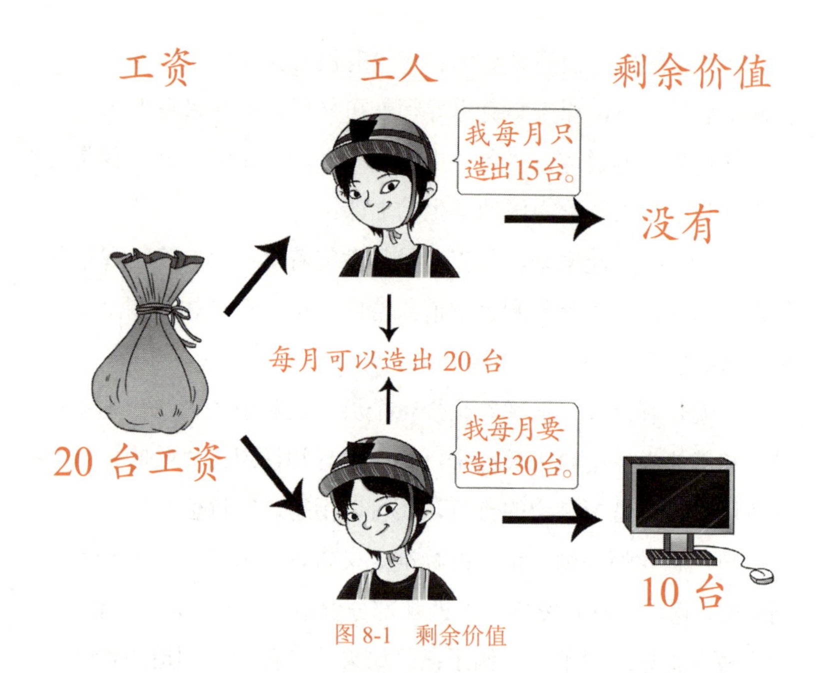

图 8-1　剩余价值

第二种是从价值载体的角度来说的，它是与“自用价值”相对的概念，是指物品经利用后所剩余的价值。这种含义不如第一种含义常见，但在人们的日常生活中也经常会出现。

比如曾经有一篇报道称，有人因回收“电子垃圾”再利用而取得了良好效果。例如印度某位男子，用电子垃圾组装成了一辆摩托车，并声称自己是在利用垃圾的“剩余价值”。显然，这里的“剩余价值”并不是指劳动者所创造的，超过自身及家庭需要的那部分价值，而是指物品被利用后还能再利用的价值。

王一点点头，他也经常听到有人把“水资源再利用”称为“利用水的剩余价值”，或者把“废物利用”称为“利用物品的剩余价值”。因此，这里的“剩余价值”也可以指物品经过利用后所剩下的价值。

马克思导师说：“剩余价值的新旧两种解释在本质上是一致

的，区别仅在于：我是站在与资本主义对立的立场上，来分析资本主义社会剩余价值生产的实质的，这揭示了资本主义生产的本质；而后人在我的基础上，用更宽泛的概念来解释剩余价值，具有普遍适用性，可解释一切与'自用价值'相对的剩余价值。”

马克思导师说：“我说的剩余价值是资本家们在雇佣工人时，让工人创造的超过劳动力价值的价值，所以，剩余价值就是指工人创造的，被资本家无偿占有的，超过劳动力价值的那部分价值。剩余价值是工人剩余劳动的凝结，这也充分体现了资本家和工人之间'剥削与被剥削'的关系。”

在马克思经济学理论中，剩余价值考察的是劳动过程当中的“价值增殖”。当然，此“增殖”非彼“增值”，但“价值增殖”决定了经济领域中的价格和利润的增长活动。

关于剩余价值理论，马克思给出了评论：“我之前和之后的经济学家们都犯了一个错误，他们没有就剩余价值的形式，或剩余价值的本身来考察剩余价值，只就利润和地租这些特殊形式来考察剩余价值。因此，一定会产生理论上的错误。”

“讲了剩余价值，我们接着来讨论一下资本主义。大家都知道黄金时代吧？”马克思导师笑着问道。

学生们听到黄金，都睁大了眼睛，但是谁都不知道黄金时代是什么意思。王一若有所思地问：“您是指资本主义的那两个黄金时代吗？”

马克思导师赞许地点点头，对王一的回答表示肯定：“没错，黄金时代是资本主义得以高速发展的两个时期，而这两个时代就是建立在工人大量产出剩余价值的基础上的。下面，我就给各位具体讲解一下。”

第二节 资本原始积累是血腥的吗？

马克思导师说道："在资本主义经济史上，出现过两个'黄金时代'，第一个是1850—1914年出现的黄金时代；第二个是1950—1973年出现的黄金时代，在此期间，发达资本主义国家国民生产总值年均增长率为4.9%，对于一个国家而言，这已经是一个非常惊人的发展速度了。"

马克思导师有些沉重地问："但是，我有个问题想问大家，黄金时代资本主义经济高速发展造就了早期的资本原始积累，请问，这种资本原始积累的方式是血腥的吗？"

大家听到马克思导师沉重的声音，就知道答案是肯定的，但原因是什么呢？

看到大家也变得有些沉默，马克思导师主动地回答了自己提出的问题："这当然是血腥的，尤其是第一个黄金时代。到第二个黄金时代，经济的高速发展有了其他原因，例如福利制度的推行和第三次科技革命的推动，但发展的核心依然是血腥的国家垄断资本主义。"

王一倒吸一口凉气，因为他记得阿尔弗雷德·马歇尔导师曾经说过，垄断资本主义就是帝国主义，既然是帝国主义，看来其资本积累的血腥是在所难免了。

果然，马克思导师讲道："在第一个黄金时代，资本家疯狂榨取工人们的剩余价值，这已经是不可否认的历史了，那个时期的工人阶级除了枷锁已经没有什么好失去的，但在第二个黄金时代，资本主义的血腥则有所掩饰，它掩饰成了国家垄断主义。国家垄断是资本主义发展的最高阶段，它是在资本主义生产力和生产关系的矛盾进一步发展的基础上，在生产和资本加速集中的过程中，于 19 世纪末 20 世纪初形成起来的。”（如图 8-2 所示）

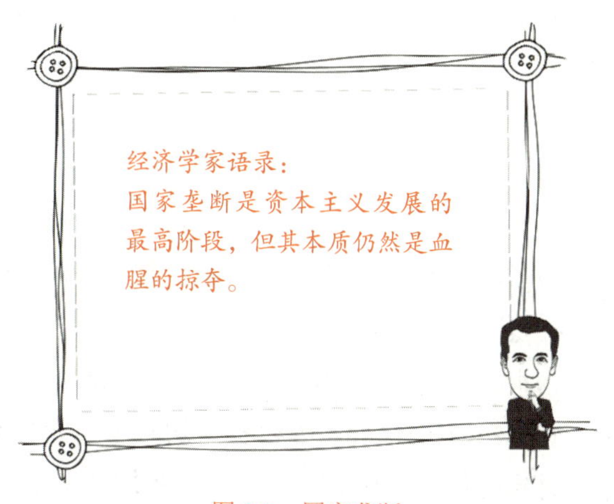

图 8-2 国家垄断

马克思导师说道：“1873 年的世界经济危机，标志着资本主义制度开始从‘自由竞争阶段’向‘垄断阶段’过渡。在 19 世纪最后的 30 年间，技术革命及由此引发的重工业经济巨大发展，为经济向垄断资本主义过渡奠定了物质基础。”

王一知道，在科技革命期间，资本主义国家以电力的发明和使用为主导，诞生了托马斯炼钢法、蒸汽涡轮、内燃发动机、发电机、电动机、电灯、电车、电话、无线电以及氨、苯提取等一系列新技术和新设备。

而这些新技术和新设备的开发利用，让传统的重工业部门，如冶金、采煤、机器制造等快速发展起来，并引发了一系列新兴部门的兴起和建立，比如电力、化学、石油、汽车和飞机制造等，这也促进了工业生产的迅速增长。

马克思导师说道："金融资本和金融寡头在资本主义国家内部进行统治，这也加剧了政治矛盾和经济矛盾，加强了垄断资本的对外扩张，让世界体系不得不向资本主义靠拢。"

"资本输出是帝国主义国家进行扩张的重要手段，是用资本对世界其他地区进行剥削和统治的前提。"马克思导师无奈地说，"资本输出早在资本主义进入垄断阶段之前就存在了，但只有到了资本主义垄断阶段，它才具有重大意义。"

马克思导师解释说，一小部分富有的资本主义国家，由于垄断资本对国内外人民的剥削和掠夺，加上对生产和市场的控制，积累了大量"过剩"资本。这时，他们就会把一些落后国家卷进资本主义市场，因为那里具备投资条件。

马克思导师给大家列了一些数据：英国、法国、德国和美国这 4 个国家在 1875 年进行的国外投资大约有 350 亿德国马克，到 1913 年的时候增加到 1590 亿德国马克，增加了将近 4 倍。（如图 8-3 所示）

图 8-3　资本主义国家瓜分世界

在这当中，英国和法国是两个主要资本输出国，1913 年英国输出资本达到 750 亿德国马克，法国输出资本也有 360 亿德国马克。其中，英国又是最早的资本输出国，早在 1855 年，英国就有 100 亿德国马克的国外投资了。

“当然，英国和法国的资本输出地区与方式不同，”马克思导师解释道，“英国资本输往殖民地和半殖民地，主要采取生产资本，即直接投资的形式。而法国资本绝大部分投放在以俄国为主的欧洲，并采取借贷资本，即间接投资的形式。”

马克思导师接着说：“我出生的国家——德国，其对外投资开始得较晚，在 1875 年的时候只有 20 亿德国马克，但在 1913 年就达到了 350 亿德国马克，已经接近了法国水平。德国的投资半数在欧洲，其余分布在南美洲、亚洲和非洲。”

“而这一时期，美国正在进行西部领土的扩张，使自己拥有广大的国内投资市场，其资本输出数量不大，1913 年大约为 130 亿德国马克。”马克思导师接着说，“至于俄国和日本，在 20 世纪后也有少量的资本输出，主要是对中国的投资。”

马克思导师说道：“各国垄断组织一方面竭力利用国家政权实行高额关税政策，建立关税壁垒，限制外国商品输入，保持国内垄断价格；另一方面，利用倾销政策，冲破其他国家的关税壁垒，把大量商品输出国外，占据国外市场。”

王一学过历史，他知道从那以后，葡萄牙、西班牙、荷兰、英国、法国和俄国先后走上了殖民掠夺的帝国主义道路。

马克思导师接着说：“在这样的发展模式下，亚洲和拉丁美洲落后地区的许多国家，都成为帝国主义的半殖民地或附属国。到此时，世界领土基本上被帝国主义国家瓜分完毕，这也让资本主义囊括了全世界，形成了世界性的资本主义体系。”

在这个体系中，一边是对殖民地、半殖民地进行剥削和压迫的帝国主义国家，另一边则是受到剥削和压迫的殖民地、半殖民地，它们占世界人口的大多数，也是帝国主义赖以生存和发展的重要基础。

资本主义国家之间，在经济和领土瓜分问题上发展不平衡，这也导致了 1914 年爆发的第一次世界大战，世界大战就是帝国主义重新分割世界的产物。

马克思导师沉重地说："这种资本积累虽被称作黄金时代，却是建立在殖民地、半殖民地人民的血泪上的，是实打实的血腥时代。而这一时期，国家垄断资本主义对本国工人的剥削也没有丝毫减弱。那么，各位谁能告诉我，在这种经济结构下到底是谁剥削了工人阶级呢？"

"当然是资本家！"学生们纷纷说道。马克思导师笑着说道："下面我来给各位详细讲解一下，究竟是谁剥削了工人。"

第三节　资本家是如何剥削工人的？

马克思导师环顾台下，说道："我有个问题想问各位，资本家的财富一直源源不断地上涨，这究竟是什么原因呢？他们发财致富的秘密到底在哪儿呢？"

看到大家茫然的表情，马克思导师接着讲解道："各位都知道这样一个道理——社会上的一切财富，都是无数劳动人民靠劳动创造出来的，无论机器设备也好，矿山油田也好，如果没有劳动人民，它们本身是创造不出财富的。我说得对吗？"

学生们纷纷表示赞同。

马克思导师接着说："如果没有工人开动机器，机器就不可能生产出产品让资本家卖出；如果没有工人开矿，矿产只能埋在土里，不会给资本家生出一分钱。"

"至于钱，如果资本家不拿它们作为资本雇佣工人，只是把钱锁在柜子里，这肯定不会给资本家们带来一分钱利润，不是吗？"

王一点点头，确实，资本家数不清的财富，包括他们吃、穿、住、用、行，无一不是劳动人民创造的，资本家就是靠剥削劳动人民发的财。

马克思导师接着说："资本家害怕事情的真相被拆穿，于是纷纷说自己'给'工人的工钱，就是他们的劳动报酬，说自己没有剥削工人；有的资本家甚至认为，工人做工，他们'给'了工钱，这完全是'公平交易'，所以没有剥削工人。"

马克思导师情绪有点激动，他问道："工钱难道真的是工人劳动的报酬吗？工钱真的是资本家'给'工人的吗？工人拿了工钱，就意味着没受剥削吗？"

这连续的三个问题把学生们问蒙了，大家的情绪也受到了感染，义愤填膺地说："不！当然不是。"

马克思导师大声说道："工钱当然不是工人的劳动报酬！而是工人被迫出卖劳动力的一种价格；它更不是资本家'给'工人的，它只是工人自己用劳动创造出来的财富中的一小部分，资本家就是用'付工钱'这种手段来剥削工人的！"

马克思导师平复了一下自己的情绪，然后讲道："让我们先来看看，资本家是如何拿'付工钱'当外衣，来掩盖他们剥削工人的本质吧。"

大家有些疑惑。是啊，工人给资本家做工，资本家付了工钱。乍一看，一个做工一个付钱，好像工人已经得到了报酬，看不出有什么受剥削的地方。

马克思导师仿佛看出了大家的想法，一针见血地说道："问题就在这儿：工人给资本家做了多少工？资本家付给了工人多少钱？"

王一恍然大悟，因为资本家花了很少的钱买下工人的劳动力；而工人创造的价值，要比他获得的劳动力价格多很多！

马克思导师说道："资本家标榜说这是'公平交易'，那真是十足的胡说，其实，这是最不公平的买卖。只要举个例子，各位就能看得很清楚。"

某个资本家开了一家服装厂，他让厂里做工的工人每天工作10个小时，每个工人每天能生产5件衣服，工资是每天2元。

可是，工人每天用10小时生产的5件衣服，按照市面上的价格能卖到每件100元，扣掉做5件衣服所花费的各种成本，算上机器和工具折损等，大概是10元，还有90元的纯利润，这就是每位工人一天创造的价值。

每个工人每天花10小时创造了90元的价值，但自己只能拿到每天2元的工资，剩下的88元都被资本家剥削走了。

换句话说，每个工人每天干10小时的活，创造了88元的价值，他获得的2元工钱，只要他干10分钟就能得到，剩下的9小时50分钟，都算是给资本家白干的工作。（如图8-4所示）

马克思导师气愤地说："从表面上看，资本家并没有束缚工人的自由，而工人跟资本家的关系，好像只是自由的劳动力买卖关系，谁也没有强迫谁。可是，如果我们透过现象看本质，就会发现这种'自由'只是骗人的鬼话。"

图 8-4　剥削被剥削

马克思导师无奈地说："在资本主义制度下，工人只有贫穷的'自由'，只有失业的'自由'，只有低价出卖自己劳动力的'自由'。而资本家却拿'自由'当幌子，掩盖自己极其野蛮、残酷的剥削行为。"

王一懂了，资本家们所谓的"自由"，就是用一根看不见的绳索，将工人们绑得死死的，强迫他们不得不"自由"地把自己的劳动上了贡，半卖半送给资本家们，然后继续"自由"地忍受资本家的剥削。

延长劳动时间是资本家最常用的手法。资本家们常常将工人的劳动时间延长到 12 小时、14 小时甚至更长。为了多多压榨工人的剩余价值，资本家们恨不得让工人每天干 24 小时的工作。

王一知道，现在有些黑心的工厂，工人每天最少要干 12 个小时，有的甚至要加班到 18 个小时，但是工资却只能解决温饱。

马克思导师说道："现在，我们已经把资本家发财的秘密揭开了，也明白了是资本家在剥削工人，用剥削工人的手段，在剩余劳动时间里，将工人所创造的剩余价值全部榨干，然后让自己发财致富。”

一个男生举手提问：“既然资本家是靠剥削工人剩余价值发财的，那么，工人的剩余价值越大，资本家的财富越多？”

“一点儿也不错。所以，资本家们总是想尽办法剥削工人们的剩余价值，因为他们的目的就是多赚钱，发大财。”马克思导师笑着肯定了这位男生的问题。

马克思导师又问：“各位，谁能告诉我，没有剥削的世界究竟是什么样的？”

大家纷纷发言，有的说是“大同社会”，有的说“人人平等”。马克思导师温和地说：“这是中国现在正在建设的社会，实现这种社会需要一个长久的过程，需要你们不断努力探索。那么，在资本主义世界中，没有剥削的国家真的存在吗？”

第四节　剥削是件很可怕的事情吗？

马克思导师望着一脸好奇的学生们，笑着说道：“从迄今为止的资本主义社会历史来看，没有剥削的世界是不存在的。”

看着大家的神色，马克思导师露出一丝微笑，说道：“美国加州大学经济学教授约翰·罗默提出这样一个概念，叫‘社会必要剥削’。我们今天就这个观点共同探讨一下。就西方世界来说，假如取消某种剥削形式，让社会组织形式发生改变，反而让被剥削的群体处境更糟。所以，在这种情况下的剥削形式就是‘社会

必要剥削’，而且，在社会主义发展的初期阶段，‘社会必要剥削’也是必经之路。”（如图 8-5 所示）

图 8-5 剥削与社会经济发展的关系

王一把马克思导师的话整理了一下：也就是说，如果剥削被消除之后，被剥削的人们反而获得更少的消费品，这类剥削就有其存在的必要性。

马克思导师强调道：“‘社会必要剥削’概念是‘一般剥削理论’的重要组成部分。阶级社会下的剥削，是由与社会生产关系相适应的财产关系导致的，而财产关系下的剥削，则是阶级社会经济发展的必要机制。”

大家都被马克思导师绕口令一样的话语搞晕了。

马克思导师认真地说：“在阶级社会中，剥削之所以可以促进经济发展，是因为剥削的存在往往能够刺激生产的积极性。例如，一个人雇用十个员工生产鞋子，但如果把卖鞋子所赚的钱全部给员工，让这个人没有剥削到丝毫剩余价值，他无疑是不会做的。所以，把剥削彻底消除，生产的热情也就很难被激发了。

“而且，消除剥削直接导致的后果是没有能代替的合理的资源配置机制，如果技术和产品生产的积极性丧失，就会让社会的总产量下降，继而引发整个阶级社会中所有群体的生活质量下降。”马克思导师进一步解释。

听到这里，大家纷纷点头，确实如此，如果没有利润，也就不会有人辛苦去创办企业了，没有企业，社会经济必然停滞不前。

马克思导师说道：“大家还要进一步分清两种社会必要剥削——静态社会必要剥削和动态社会必要剥削。”

马克思导师在黑板上写下了这样一段话：所谓“静态社会必要剥削”，是指如果某种剥削消失，会让整个社会经济无效，继而导致被剥削阶级的生存状况更加退步。

马克思导师解释说：“换一种方式讲。在时间上，剥削关系的取消和被剥削阶级生活退步是同时发生的，这种剥削就被称作静态社会必要剥削。”

接着，马克思导师举了一个例子：譬如，有一个政府在国内实施了“激进社会改革”，消灭了城市，取消了货币，甚至取消了家庭。的确，它们消灭了剥削关系，但同时也让经济发展赖以生存的社会生产力一并消失了。

马克思导师接着讲道：“与之相对应，动态社会必要剥削是指如果某种剥削状态被取消后，没有立刻让被剥削阶级生活水平退步，而是阻碍了其他因素，如技术水平等的发展，让被剥削阶级的生活水平甚至有提高的趋势，可最终他们的生活水平还是会随着时间逐渐下滑，这种剥削就叫作动态社会必要剥削。”

在时间点的同时性上，动态社会必要剥削与静态社会必要剥削有所不同。

马克思导师笑着说：“虽然我很抵制剥削阶级，但不得不说，社会必要剥削还是要有的，否则就会造成经济崩溃，让老百姓过得更苦。”

马克思导师举了个例子：

从表面上看，资本家要压工资，劳动人民要涨工资，二者各执一词是永远不能达成一致的。

但因为劳资双方是对立的，而且任何一种价格都是供求双方对立的，只不过对立的双方能够获得一种博弈的平衡，从而完成交易，所以最终的结果是双方虽然都不满意，但总能够达成一个平衡。（如图 8-6 所示）

图 8-6　资本家与劳动人民的工资博弈

马克思导师说道：“这里有一个最普通，又最不易被接受的基本道理：一切交易之所以能够成交，是因为双方对同一物的估价不同。”

王一知道，如果卖方对产品估价过低，而买方又对产品估价过高，那产品就会由估价低的一方转移到估价高的一方。如果此时，还不能达成双方同意的价格，就说明买卖双方需要互换角色：买方应该变为卖方，卖方应该变为买方。

马克思导师继续将话题引入国际贸易当中，他笑道："在国际贸易中，这种现象也十分常见。如果一种商品的进口不能赚钱，那就很可能要通过出口赚钱。"

"此时，如果我们将劳动力视为一种商品，那么，一个国家在国际上的劳动力输出也可以看作必要剥削，"马克思导师解释道，"一个国家对己方劳动力的估价，必定低于国外对劳动力的估价，否则劳动协议不可能达成。"

王一点点头，当然，国家在出售劳动力的时候，尽管也希望能提高己方劳动力的价格，但由于国际上还有其他出售劳动力的竞争国，这让它们不得不客观地设定自己的价格。

就像马克思导师说的那样，如果这个国家设定的价格底线，远远高于国外愿意给出的价钱，那这笔买卖就做不成。当然，这个国家能到别的国家去寻找机会，但结果是一样的，只有它设定的价格底线等于或低于对方愿出的价格时，它的劳动力才会被雇佣。

马克思导师接着讲："我们把话题再放到资本家与劳动者这里，同样的道理也适用于资方。资方对购买的劳动力的估价必须高于出售方的估价，否则他不可能请到合适的工人。他必须考虑到其他劳动力买方的出价，客观地设定自己愿意出的价格。"

王一明白了，在众多买方和卖方竞争下，没有谁能单独地垄断价格的设定。最后的价格，都是供应总量和需求总量在比较后取得的均衡点。在供不应求的时候，价格就会上升；在供过于求的时候，价格就会下降：双方都有各自的机会。

“此外，在资本主义发展到一定阶段之后，贫富分化也不完全是因为剥削而产生的，更多是因为竞争而产生的。”马克思导师解释道，“经济是不能没有竞争的，因为吃大锅饭的行为是没有效率的。”

马克思导师说道：“如果既想保存竞争，又想避免贫富分化，比较理性的方式就是政府向社会各阶层征收不同比例的所得税。然后，政府再用这笔钱在民间兴办福利事业，让财富在社会上得到合理的配置，这种手段是可靠并最容易实现的。”

“好了，我亲爱的社会主义的接班人们，”马克思导师含着盈盈的笑意说道，“今天，我关于剩余价值的经济学课程就告一段落了，希望大家能在我的课堂上有所收获！也希望大家记住，剥削始终是一个历史性的概念。”

大家正听得津津有味，感觉马克思导师的课程太过短暂。

马克思导师神秘地说：“下堂课的导师是位很有魅力的导师，你们一定会喜欢他的，敬请各位期待吧！”

在学生们不舍的挽留声和热烈的掌声中，这位对中国影响深远的思想家缓缓走下了讲台。

第九章
马歇尔导师主讲“竞争”

本章通过四个小节，讲解了阿尔弗雷德·马歇尔的竞争经济学理论。马歇尔努力将经济学从人文科学和历史学科的一门必修课发展成为一门独立学科，且令其具备了与物理学相似的科学性。在他的影响下，剑桥大学建立了世界上第一个经济学系。对竞争经济感兴趣的读者，本章是不可错过的部分。

阿尔弗雷德·马歇尔

（Alfred Marshall，1842 年 7 月 26 日—1924 年 7 月 13 日），近代英国最著名的经济学家，新古典学派创始人，剑桥大学经济学教授，19 世纪末和 20 世纪初英国经济学界最重要的人物。

阿尔弗雷德·马歇尔主要著述有《对外贸易的纯理论与国内价值的纯理论》《工业经济学》《马歇尔官方文献集》《经济学原理》《经济学精义》《关于租金》《分配与交换》《创建经济学和有关政治学分支课程的请求》《经济骑士道精神的社会可能性》《战后的国家税收》《工业与贸易》等。

第一节　不自由市场上的竞争

转眼又是一周，但王一却觉得马克思导师的课程好像就在昨天。走在路上，他经常会突然笑出声来，只因为想到了马克思导师举的经济学例子。看着王一的样子，大家纷纷上前询问他是不是发烧了，可他只是神秘地笑一笑——只有自己和小部分同学知道，每周六午夜，学校大礼堂的课程有多精彩！

“今天会是哪位导师呢？”王一心里暗暗想着。

午夜一到，王一迈着轻快而激动的步子，向学校大礼堂走去。

转眼，十二点的钟声响起，王一按捺住内心的激动，静静地等着讲台上导师的出现。

这时，讲台上缓缓走上来一位白发苍苍的老者。他的额头很宽，蓄着白花花的绅士八字胡，脸上布满皱纹，只有一双眼睛透着幽默和锐利。

“大家好，咳咳，”白发老者轻咳了两声，“我是各位今日的讲师，我叫阿尔弗雷德·马歇尔。”

“噢！您是阿尔弗雷德·马歇尔导师！”一位男生很激动，看来阿尔弗雷德·马歇尔导师是他的偶像无疑了。王一也坐直了身子，他知道，阿尔弗雷德·马歇尔是近代英国最著名的经济学家。看来，今天又有一场精彩的讲解了。

马歇尔导师说：“今天，我们来讲一个非常有趣的名词——不自由市场。所谓不自由市场，就是竞争受到限制的市场，在这个市场上，竞争的出现会威胁到某一方的利益，可能是威胁到卖家的利益，也可能是买家的利益，甚至整个市场的利益。举个例子，根本没人会支持一个生化武器允许自由交易的市场，除了那些狂热分子。”

马歇尔导师呷了口茶，继续说道：“在之前的课程里，大家应该已经了解了自由市场的定义。然而在现实当中，大多数资本主义国家的市场制度并不一定完全符合自由市场的定义，即使是世界上资本主义最发达的国家——美国，也会对市场施加一定的干预，因此也就造成了市场的不自由。当然，依据经济自由度指数，世界上也有一些对市场干预非常少的国家或地区。”

“从本质上讲，完全的资本主义就是一个从事贸易活动的自由市场，因为它只受供求关系的支配，并通过市场竞争保持正常运转。买卖双方所形成的关系，将决定商品或服务的最终价值，以及市场的健康程度。”马歇尔导师说道。

王一点点头，穆勒导师已经讲过，需求旺盛且供给充足的市场就是健康市场。创造财富的原因就是消费者有钱消费，而且商家也有能力生产、销售更多商品，从而让社会各阶层都受益。

马歇尔导师接着说：“但是，激烈的市场竞争会让企业不择手段地实现利润最大化。”（如图 9-1 所示）

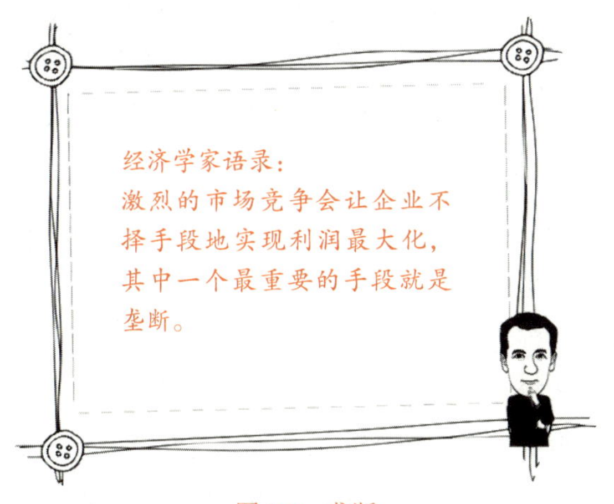

图 9-1　垄断

他转身在黑板上写下这样一行字：

企业试图实现垄断——独自控制某种商品或服务——实现利润最大化。

他解释道："这样一来，市场需求就不能决定商品或服务的价格，因为决定这些价格的将变成垄断企业；垄断企业会把劳动力的工资确定在其所能承受的最低水平，且只在吸引消费者时，才会采取安全和品质管理等措施。"

大家已经开始意识到，如果真的出现这种情况，那么自由市场就开始变得不自由。因为大企业在激烈的竞争中，会凭借自己在资本和规模上的优势不断吞并和排挤中小型企业，把生产资料、劳动力都握在自己手里，进而主导市场。

当垄断企业发展到一定程度，就意味着社会上其他企业的数量减少，于是出现了某一项产品都集中在少数几个大企业手里的情况，在这种情况下，它们之间很容易达成协议——共同操纵生产和销售，进而"饿死"其他的竞争者。

马歇尔导师说道："由于这些大企业的恶性垄断，让中小企业被迫退出市场，甚至还会出现少数大企业斗得两败俱伤的局面。为了避免这种情况，保证彼此都有利可图，行业内的垄断企业就会谋求彼此的暂时妥协，达成一定的协议，从而实现行业垄断，使垄断的情况更加严重。"

马歇尔导师接着说道："我知道，资本主义的弊端就是弱肉强食。放任市场自由竞争就会引发生产集中，而生产集中发展到一定程度，就必然会导致垄断的产生，这是自由竞争下资本主义发展到垄断资本主义阶段的一般规律，也是最基本的规律。"

“然而，”马歇尔导师强调，“垄断会导致市场不自由，同样，政府过多干预也同样会导致市场不自由。”

阿尔弗雷德·马歇尔导师给大家举了一个简单的例子：

“在我小的时候，我家房子的后方有一片苹果树林，我记得那些苹果树总是长不出果实，大家几乎每天都要去给它浇水、施肥，但苹果树就是不结果。直到有一天，我发现了一片没人看管的野苹果树林，那里的果子又大又甜。这片野苹果林很偏僻，只有一个管理员在没雨的时候偶尔浇一点水，然后苹果就长起来了。而且，这里的苹果真的是又红又大。”（如图 9-2 所示）

图 9-2 两种市场

“相对于自由市场因为经济原因逐渐向不自由市场转变，行政干预经济直接就导致了不自由市场！”阿尔弗雷德·马歇尔导师笑了笑，“为什么在现实中会出现那么多的坑蒙拐骗事件呢？

其中很大一部分原因就在于行政对经济干预过多。”

马歇尔导师解释道，因为政府对市场干预过多，市场就没有必要建立一个好声誉，企业自由的优胜劣汰就不会存在。反过来，企业的不良行为又成了政府进一步干预的借口。

马歇尔导师耸了耸肩，说道：“如果市场出了问题，马上用政府手段去解决的话，那么这个市场的声誉机制永远都建立不起来，这只能成为一种恶性循环。”

王一赞同地点了点头，政府干预太多的地区，其市场秩序一定是混乱的，这也催生了地方性垄断，比如某市只出售本地品牌的啤酒，地方政府禁止其他省市的啤酒流通进来。

“刚才我们已经提到了，市场过于放任和政府过多干预都会导致自由市场不自由。下面，我来为各位详细讲解一下竞争与垄断的关系。”马歇尔导师愉快地说道。

第二节　无法摆脱的竞争与垄断

“实际上，竞争和垄断是一对孪生兄弟，”马歇尔导师似乎很喜欢这个话题，语气也变得轻松明快，“有竞争的地方，就必然有垄断，有垄断的地方，也必然存在竞争。这个世界上没有绝对的竞争，也没有绝对的垄断。”

马歇尔导师这一段像绕口令一样的话，让在场的同学都笑了起来。他接着说：“完全竞争就意味着没有任何一家企业，或者没有任何一个消费者能够影响整个市场的价格。”

马歇尔导师给大家举了一个例子：“比如全球小麦市场就是

完全竞争的。因为，即使是世界上最大的小麦农场，也只能生产全部小麦产量的一小部分，所以，最大的小麦农场也没办法影响小麦的全球价格。”

王一连连点头——的确，如果要把整个市场定义成世界市场的话，不用说小麦了，就连高度垄断的汽车市场，也没有单独哪一家企业对整个市场的价格能有所影响的。

“然而，世界市场总会被无数的力量分割成无数个局部市场，”马歇尔导师说道，“企业只要在某个局部市场中取得相对垄断的地位，就一样能够攫取巨额利润，所以人们抱怨的垄断都是相对垄断。”

事实上，很多成功的企业都是靠着相对垄断成长起来的。约翰·戴维森·洛克菲勒是19世纪的第一个亿万富翁，他的标准石油公司就是利用了当年美国西部炼油设施相对紧缺的机会而发展起来的。等到其他人看见炼油业有利可图，想参与竞争时，已经晚了，因为洛克菲勒家族已经通过控制炼油成本控制了油价，进而构筑起了行业壁垒，形成了垄断产业。

不仅如此，洛克菲勒还利用自己作为铁路运输行业的最大客户这一身份，威胁铁路公司，禁止它们用其他炼油商的煤油，进而在铁路运输业中形成了燃料供应垄断。

“但是，即便洛克菲勒的垄断范围扩展到了全美国，即便他成为美国乃至世界第一的石油垄断巨头，”马歇尔导师强调道，“竞争仍然存在。”

不仅洛克菲勒懂得用垄断攫取巨额利润，其他企业也一样看到了垄断的高利润。所以，凡是有竞争的地方就会有企业构筑各种形式的垄断，甚至在农贸市场里也存在着价格垄断。

大家一听都暗暗咋舌，农贸市场里怎么垄断呀？

马歇尔导师笑道：“同样是卖萝卜的，大家会发现虽然每个萝卜摊在服务态度、称重等细节上有所竞争，但连续十几家的萝卜价都惊人的一致。”

“当然，世界性的萝卜市场很大，一个农贸市场的萝卜价格并不足以影响整个萝卜界。但在这个农贸市场里却只有十几家竞争者，所以每个摊位都足以影响该市场内的萝卜价格，所以，这个农贸市场也不是完全的竞争市场，也存在垄断行为，只不过是联合垄断。”（如图 9-3 所示）

图 9-3　萝卜市场上的联合垄断

“相对于单一企业的垄断，联合垄断的成本更低，收益更大。在这十几个萝卜摊位的联合垄断行为中，有一些心眼儿多的萝卜摊主成为价格制定者，而另一些则成为价格追随者。”

“不过，这些价格制定者却经常违反自己制定的价格，他们会用较低的价格向消费者兜售萝卜，却不允许别的摊主违反定价，这类人是农贸市场上的霸主。”马歇尔导师诙谐地笑着说。

这让王一想到，有次跟舍友们去旅游景点玩，想买一顶帽子。小贩张口就要价 50 元，他们跟小贩商量无果，就打算去别的摊位问问，结果那个小贩让别的摊位都不许低价卖帽子给他们，这让王一很愤怒。

实际上，由于蔬菜市场的利润太低，一些头脑精明的霸主们对蔬菜不屑一顾，所以在蔬菜市场上很少看到真正霸主的存在，但利润和风险较高的水产市场则不一样，这种欺行霸市行为在水产市场上非常普遍。

当然，即便霸主在某一行业内形成了世界性垄断，这种垄断也肯定不是绝对垄断，因为各行各业间都存在着替代关系。

比如，石油、煤炭、水力、风力、核电都存在着替代关系；羊毛、羊绒、化纤、棉、毛等存在着替代关系；汽车、摩托车、自行车、飞机之间存在着替代关系；大米、面粉、黄豆、玉米之间也存在着替代关系。

马歇尔导师说道：“存在替代关系的行业都会构成相互竞争，目前为止，还没有哪个企业能同时垄断这么多替代行业。因为在垄断企业的内部，也存在着分包合同和各级权力的竞争。”

这些竞争会让企业发生大规模的分裂或重组。从这个意义上，竞争确实没有从垄断行业中消失，而且永远不可能消失，因为人与人的矛盾是不可能消失的，在垄断行业内，每个人都追逐着属于自己的个人利益。

马歇尔导师强调：“竞争是当今时代的突出特点，而任何一个对竞争概念有理解的人都应该承认：如今大多数国家的市场经济中，企业已经通过竞争达到高度的联合垄断程度了，这也影响了我们所有人。”

“不过相对于联合垄断，单一垄断对市场的伤害是比较大的，各位生活中也有很多因单一垄断而产生的问题，这些问题给消费者带来了很大的不便，有谁能举个例子吗？”马歇尔导师笑着问道。

“噢！有的！”一个男生把手举起来，但随后又把手放下了，自言自语道：“不对，我也不知道这算不算是单一垄断行为……”

马歇尔导师做了个手势，示意他可以继续讲下去。

男生犹豫着说：“是这样的，我在食堂里买一份盒饭需要6元，但是火车上一份盒饭却卖20元，而且菜的种类不能挑选。除此之外，火车上的水和食物都很贵，这算是一种垄断吗？”

“当然算，”马歇尔导师立刻肯定了他的说法，“下面，我就来为大家详细讲解一下火车上的‘天价盒饭’！”

第三节　单一垄断带来火车上的“天价盒饭”

马歇尔导师此言一出，学生们纷纷倒起苦水来，很多人都有这样的经历：火车晚点，耽误了吃饭的时间，自己也没带吃的东西。等到上车时，饭菜的香味扑鼻而来，让人不得不狠下心买一份天价盒饭。

马歇尔导师告诉学生们：“产生单一垄断的基本原因是进入障碍，也就是说，垄断行业能在市场上保持“唯一卖者”的地位，其他企业不能进到市场里跟它竞争。当然，单一垄断并不一定是市场上只有一家企业，而是说企业或企业联合体在市场上占据绝对的主导地位。”

“在火车上，肯定不会有饭店和超市跟餐车竞争，所以餐车就会将价格抬高。因为你不吃他的天价盒饭，就得饿肚子，你不吃，有的是人吃。”（如图 9-4 所示）

图 9-4　天价盒饭

台下的学生们跟马歇尔导师一起叹了口气，看来大家都吃过天价盒饭的亏。

马歇尔导师接着说："理解单一垄断，我们首先要对垄断进行深入剖析。垄断就是少数大资本家为了控制或共同控制某一行业的生产、销售和经营活动，以攫取巨额垄断利润的一种联合。”

在资本主义经济的发展过程中，自由竞争引起生产集中，生产集中发展到一定阶段就必然引起垄断。当垄断代替自由竞争而在经济生活中占了统治地位，资本主义就必将成为垄断资本主义。

形成垄断的原因主要有三个。

一是自然垄断。生产成本让一个生产者比其他大部分生产者更有效率，这也是最常见的垄断形式。

二是资源垄断。关键资源仅由一家或几家企业占有（比如石油企业）。

三是行政性垄断。政府给予一家企业排他性地生产某种产品或劳务的权利。当然也有由政府自行垄断，一般被人们称之为专卖。

“我们在火车上买到的天价盒饭，其本质就是行政性垄断。垄断与竞争天生是一对矛盾，”马歇尔导师说，“由于市场缺少竞争压力，加之缺乏强有力的制约监督机制，导致垄断行业的服务令人很不满意，它们往往还会违背市场法则，侵犯消费者公平交易权和选择权，所以火车上的盒饭卖得很贵，而且很难吃。”

王一知道这是一条规律，不管在中国还是在外国都是一样的。

马歇尔导师接着说：“价格垄断还会拉高整个社会成本，而垄断性行业往往是和大部分人或行业息息相关的公共事业。”

马歇尔导师举例说，如电力、煤气、铁路、航空等。因为这些行业能够渗透到社会的各个方面，所以这些行业的服务价格就关系到了整个社会的成本。

“这些行业的整体效率，也直接关系到一个经济体或一家企业参与国际竞争的能力。”马歇尔导师强调。

王一点了点头，在计划经济时代，中国的电信、铁路等部门都是国有的，所以这些部门进入市场时，本身就带有垄断性质。

马歇尔导师耸了耸肩：“一旦在市场中追求利润，就会通过垄断定价，把属于消费者的利益转移到垄断者手里，让这些特权公司拿到远高于市场价格的巨额利润。结果就是提高了整个社会的竞争成本。”

王一记得前一阵子看到过一篇报道：在北京、深圳和上海等地，中国经审批的私营快递公司都有几十家，但据估算，未注册的快递公司数量超过1000家。虽然《邮政法》有过规定，信件及其他具有信件性质的物品，只能由国有邮政企业专营，但还是有很多快递公司用各种形式参与这项服务。因为超额的利润必然引来资金。哪怕这些公司的所作所为不完全合乎法规，但还是有很多公司选择用这个方式分“一杯羹”。尽管邮政依然是国内快递市场的“老大哥”，但是它的市场份额已经由97%跌到如今的40%上下。

马歇尔导师似乎猜到了王一的想法，他笑着说：“类似中国快递行业的现象，其实在垄断行业里是最常见的。”

一方面，垄断行业能通过垄断获得超额利润，从而妨碍了效率的提高，妨碍了其扩大业务规模的积极性；另一方面，通过行业垄断能阻止社会资金进入该行业，将利润紧紧握在自己手上。

马歇尔导师一针见血地指出：“投资不足，就会导致就业下降，而消费相对疲软，就是当前很多经济状况不好的国家的主要问题！”

王一佩服地点点头，因为曾有专家指出：当年在危机中造成世界金融投资不足的原因有很多，其中最重要的一点就是企业垄断了大量高利润的行业。

在这些行业中，垄断会让效率变低，同时造成利润不能真实反映出利润状况，从而带来极大的浪费。同时，垄断也会极大地挫伤投资热情，导致所谓的“资本罢工”，强化投资市场的低迷态势。

“此外，垄断还会滋生腐败毒瘤，尤其是行政垄断。”马歇尔导师无奈地说。

行政性垄断由于有政府力量的介入，会让它比自然垄断和行业垄断的危害性更大，尤其是少数腐败分子，利用手中的管理权力，严重危害市场公平。由某地区政府及其所属部门行使权力限制竞争的行为，就是所谓的“行政垄断”。

马歇尔导师愤慨地说：“如果‘给钱’才能办事，垄断成了腐败的温床，这不仅影响经济发展，更重要的是使政府信用遭到损害，失信于经营者。”

王一也有些沉痛，因为金融研究机构的研究结果已经表明，腐败的重要表现之一就是由垄断造成的“租金”流失。

马歇尔导师给大家举了一个例子：某国最大的垄断行业之一——电力业，据其内部估算，每年造成的“租金”损失在560亿～1120亿元之间；而民航的垄断“租金”，每年也高达75亿～100亿元。”

大家都有些沉重，是啊，垄断将消费者的收益全都送给了垄断者，给他们创造出高额利润，而造成社会福利的损失。这是极不公平的。

“这里还有一种垄断性竞争，”马歇尔导师为了缓和气氛，笑着对大家说，“那就是寡头市场，下面我来给各位详细解释一下。”

第四节　追求效率导致的寡头市场

寡头市场是什么？其实王一也一知半解，但光听名字，他就能感受到了垄断的味道。

马歇尔导师说道："寡头市场，在西方又叫作寡头垄断，是指一种商品的生产和销售，仅由几家大厂商所控制的市场结构。"

西方的大部分经济学家推崇完全竞争的市场结构，但马歇尔导师却不以为然："尽管完全竞争市场结构在理论上是最有效率的，但在现实生活中的成熟行业里，大部分都是由几家或十几家企业垄断了市场的半数甚至更多份额，这就是寡头现象。在我们的经济生活中，寡头垄断市场的案例比比皆是。"

"实际上，寡头市场恰恰是完全竞争与完全垄断之间的折中，"马歇尔导师耸了耸肩，"这种市场结构并非某个政府所设计。相反，这是市场选择的结果。如美国汽车业的通用汽车、福特汽车等。"

马歇尔导师说道："高效率的企业能够在市场上占有更大的份额，并且提高产业集中度。要知道，优秀企业的良好绩效不是因为垄断造成的，而是因为效率！也就是说，寡头垄断的市场结构其实是有效率的。"

在西方经济学提出的四种市场结构中，完全垄断型市场与完全竞争型市场一样都是很少存在的。在现实经济中大量存在的是寡头垄断型市场和垄断竞争型市场，特别是寡头垄断型市场。

马歇尔导师耸了耸肩说："我的朋友熊彼特提出了'垄断导致资源配置低效率'的观点，这是建立在完全竞争假设前提下的，大家都知道，这个前提是缺乏现实性的，所以这个观点的正确性也会大打折扣。"

王一点点头，事实上，垄断虽然是竞争的对立面，但它并没有消灭竞争，尤其是寡头垄断，它们改变的只是竞争的形式，并非竞争本身。

就像马歇尔导师说的，美国汽车市场虽然是寡头垄断的格局，但通用汽车、福特汽车和克莱斯勒三大制造商之间依旧存在着激烈的竞争。

“另外，如果从国际范围来看，寡头垄断反而会让竞争更加激烈，”马歇尔导师笑着说，“比如美国的柯达胶卷，虽然它垄断了美国的胶卷制造业，但受到经济全球化影响，它也将面临日本富士胶卷等国外制造商的竞争。”（如图 9-5 所示）

图 9-5　世界竞争

马歇尔导师接着说：“而一个国家只需开放商品市场，就能让这个行业具备较高的竞争性。如果进一步开放市场，则竞争性就会更高。”

王一明白了。当今国际市场竞争激烈，这会促使寡头垄断企业努力研究与开发，尽最大可能去提高效率，降低产品价格。而不是像传统的垄断，会破坏和降低有效的市场竞争，阻碍经济和技术的发展。

马歇尔导师笑着说："寡头垄断其实并不是坏事，因为寡头垄断的形成能够避免无序竞争，减少资源浪费。"

这让王一想到一个经济学案例：20 世纪 90 年代初，上海、厦门等地的航空公司如雨后春笋般相继冒出，民航公司从 9 家增至 20 多家，最多时达到 34 家。

由于民航公司过多，竞争太过激烈，没过几年，打折机票就成了无序竞争中价格战的主角。这一恶性竞争直接导致了航空业利润暴跌，整个航空领域都受到了不小打击。

1998 年，这一矛盾激化到顶点，国内民航业出现了高达 24.4 亿元的巨额亏损，面对残酷的现实，民航不得不把改革提上了日程。

马歇尔导师笑着说道："寡头垄断也可以避免完全垄断的'唯我独尊'，使行业发展具有竞争的动力和潜力。"

日本铁路从组建初期，一直到 20 世纪 70 年代末，始终是国铁"一家独大"的局面。因其在陆地运输上的垄断地位，使得国铁集中统一的管理，以及垂直金字塔式的组织结构，在进行决策的时候起到十分重要的作用。

马歇尔导师说道："20 世纪 80 年代，日本政府就开始对国铁进行改革，将国铁先后拆成 7 家公司，并通过租借、出售、上市等一系列步骤进行改组。改组后，铁路的经济、效率和服务都有了显著的提高。"

马歇尔导师总结说，寡头垄断市场的特点有以下四个。

一是企业数量有限。在市场的某一行业中，只有一个以上但数量有限的企业，且每个企业都在这一行业中具有举足轻重的地位，而且每个企业都对其产品的价格具有影响力。值得一提的是，当企业为两个时，叫作双头垄断。

二是相互依存。任何一个企业在进行决策时，都必须要考虑其他竞争者的反应。因此，这些企业既不是价格的制定者，也不是价格的接受者，而是价格的寻求者。

三是产品同质或异质。若各企业在产品上没有差别，且彼此依存的程度很高，就叫作纯粹寡头，一般存在于钢铁、尼龙、水泥等产业。

企业的产品有差别，且彼此依存关系较弱，则叫作差别寡头，一般存在于汽车、重型机械、石油产品、电气用具、香烟等产业。

四是进出不易。其他企业想进入这个领域极其困难。因为原有的企业在规模、资金、信誉、市场、原料、专利等方面有着丰富的积累，这些都让其他新来者难以匹敌。且市场与原有企业具有休戚相关的利益关系，不但其他企业难以进入，原有企业也难以退出。

马歇尔导师强调道："寡头垄断的市场结构，恰恰避免了完全垄断带来的不利因素，让行业发展乃至经济发展走上健康道路。"

马歇尔导师停顿了片刻，让大家消化了一下，然后笑着说："好了，各位，美好的时光总是分外短暂。今天我关于竞争的课程也要告一段落了。"

马歇尔导师的话久久回响在大家的耳边，学生们使劲拍着双手，用最热情的掌声送别了这位经济学家。

第十章
熊彼特导师主讲“供需关系”

本章通过四个小节，讲解了约瑟夫·熊彼特的供需理论。熊彼特在供求经济方面颇有建树，其理论也成为后期经济学家的研究基础。为了帮助读者更好地理解约瑟夫·熊彼特的供需理论，作者将熊彼特的观点熟练掌握后，辅以风趣的文字呈现给读者。对供需关系感兴趣的读者，本章是不可错过的部分。

约瑟夫·熊彼特

（Joseph Alois Schumpeter，1883 年 2 月 8 日—1950 年 1 月 8 日）

约瑟夫·熊彼特是一位有深远影响的美籍奥地利政治经济学家，后移居美国，一直任教于哈佛大学。约瑟夫·熊彼特认为，所有的经济发展都源于创新，虽然一些创新内容存在相似性，但在经济发展过程中，更复杂的恰恰是那些相互依赖的创新。

第一节　经济学的终点在哪里?

阿尔弗雷德·马歇尔导师关于竞争的言论对王一产生了很大的影响，就连王一在食堂打饭时，都觉得各个餐饮窗口在暗自竞争，甚至还存在垄断。

“生活果然处处是竞争、处处是经济啊！”王一感慨道。

今天，又是哪位导师，要讲什么内容呢？

在这样混乱的想法中，一位穿着灰色西装的中年导师缓缓走上台来。这位导师上台后，学生们都笑了起来。

只见这位导师浓眉大眼，鼻子突出，最引人瞩目的是他的额头。这位导师的发际线很高，加上有些谢顶，导致讲台的灯光打在他的额头上时，竟然出现了强烈的反光。

“各位晚上好！我是大家本堂课的导师，约瑟夫·熊彼特！”熊彼特导师语速很快，一听就是位干练的经济学家。

熊彼特导师一开口就语出惊人：“各位！谁能告诉我，经济学的终点在哪里？”

什么？这刚开始上课，就问经济学到哪儿结束？学生们都被熊彼特导师的问题惊呆了。

熊彼特导师啧啧道：“我听前面九位导师都在夸中国学生思维敏捷，没想到各位竟不知道经济学的终点在哪里。”

果然，大家被熊彼特导师的激将法激出了满腔的不服气。

王一暗想：若想让一门学科消失，最好的办法就是满足它所追求的目标。经济学的目标是什么呢？就是赚钱。那让经济学消失的方法——

“经济学的终点就是人们都赚到钱！”王一不由得大声说道。

“唔，不错！不错！”熊彼特导师满意地点点头，“看来中国学生的思维还是很活跃的嘛。”王一骄傲地微微昂起了头。

熊彼特导师接着讲道：“没错，就像这位学生说的，财富的增长就是经济学的终点！我给各位讲个例子，各位就明白了。”（如图 10-1 所示）

图 10-1　经济学的终点

“人类还处在原始阶段时，财富增长的指标就是看谁抓到的猎物多。”熊彼特导师说道，“比如隔壁山洞的老王抓到一只山羊，而老赵能抓到两只，老赵就是富人。我这句话没有问题吧？”

学生们纷纷回应道：“没有问题！”

熊彼特导师接着说：“随着狩猎技术和工具的改进，原始人抓到的猎物越来越多，他们就会将吃不完的动物养起来，留着以后慢慢吃。当圈养的动物开始生崽后，原始人发现——哇！”

大家都被吓了一跳，熊彼特导师一脸奸计得逞的样子，接着说道：“原来，我们可以通过饲养获得更多吃的耶！不用天天出去打猎喽。于是，饲养业、畜牧业发展了，财富变得越来越多。”

熊彼特导师：“不过，就算动物的繁殖能力再强，每年的繁殖数也是有限的。然而，植物种子的繁殖力却十分惊人，只要稍加控制，就能获得丰富的食物。因此，种植技术的发展也让原始人‘大赚一笔’。”

王一听了半天有些疑惑：为什么熊彼特导师老讲这些原始经济模型。有个男生忍不住质疑道：“这些都是经济的原始状态啊，离我们太远了！”

熊彼特导师啧啧道：“当然，真正促进全球经济飞速发展的还是工业时代。因为农业再怎么发展，也要受气候和生物属性的制约，而工业受自然条件制约的情况很少，且工业在创意方面具有可挖掘的潜力。”

熊彼特导师说道：“工业技术的改进，会让财富飞速增长。但是，当工业发展到一定程度，就会出现财富增长瓶颈。”

大家一听，财富增长还有瓶颈期？今天还真没少跟着熊彼特导师开眼界。

“也就是说，当人类的生产力和制造力没有限制的时候，如何将产品转化成财富——也就是商品的销量——就成了制约财富增长的最大因素。”熊彼特导师说道。

因此，现代工业社会财富增长的根源，在于需求的增长。这也是中国改革开放四十多年，到了目前这个阶段面临的问题。

“也正是出于这一考虑，中国政府提出了供给侧改革的口号。”熊彼特导师的语气颇为赞赏，“以前的人都着眼于需求，也就是说，当产品供过于求的时候，银行就开始印钞票，搞温和性质的通货膨胀。但中国政府知道，这一招已经不灵了！”

熊彼特导师举例道：“比如米饭卖不出去了，你就要改进米饭的质量。你不爱吃饭，我就把饭做成寿司。这时，需求就变了，从量变提升到质变，从而提升财富的增长速度。这也是现在搞产业升级的原因。”（如图 10-2 所示）

图 10-2　产业升级

一个女生举手示意熊彼特导师，在征得允许后，这位女生开口道：“请问熊彼特导师，财富增长的根本途径是什么？”

熊彼特导师兴致盎然地说：“劳动生产率的提高就是财富增长的根本途径啊。就像我刚才讲的，原始人只能靠狩猎为生，但农业时代，人们就可以靠一块田地，供养一大批人。到了现代，一千万农民就能喂饱几亿人。”

大家都信服地点了点头，的确如此，每个人，每块土地上的产出越来越多，财富也就越来越多。

熊彼特导师接着说道："其他领域也是如此啊，原始人只能用石器，一天砍不倒一棵大树，铁器时代农民们一千年内砍秃了黄土高原，现代机器能让遮天蔽日的森林瞬间消失。"

大家都笑了。熊彼特导师继续说道："其实，政府和银行等机构，也是生产能力的一部分啊，这些机构也促进着财富的增长。如果从单独的经济体角度来看，市场的扩张也是财富增长的一大部分。"

熊彼特导师说道："你们可以想想，全世界就需要这么多挖掘机，如果某国的产品占领了全市场，那这个世界市场带来的收益就归那个国家所有，其他国家的挖掘机就要倒闭，财富就会减少。"

熊彼特导师趁热打铁道："各位都明白了吗？经济学的终点，其实就是财富的增长，从而导致需求被不断满足。"

见学生们都点了头，熊彼特导师用很委屈的语气说道："唉，还好各位都听懂了，要不我大半夜的来给各位免费上课，你们再听不懂就太亏了。"

大家都笑了起来，熊彼特导师接着问："大家想一想，是什么在影响商品价格呢？"

第二节　决定供给与需求的均衡价格

学生们纷纷讨论起来，究竟是什么影响了价格？

王一听见有人说："是供求关系影响了价格的高低。"

熊彼特导师向那位学生点点头，愉快地说道："这位同学说得没错。供求就是供给和需求，它们决定了价格的走向，同时，它们也被均衡价格决定。下面，我先给大家讲一下什么是需求。"

"需求，就是在一定时期内，在一定的价格水平下，消费者愿意且能够购买的商品数量。"

熊彼特导师说："举个例子。韩国人都喜欢囤白菜，如果今年白菜丰收，且白菜的价格低廉，市场上对白菜的需求就比较小；如果种白菜的人变少，白菜产量下降，其需求就会增大。"（如图 10-3 所示）

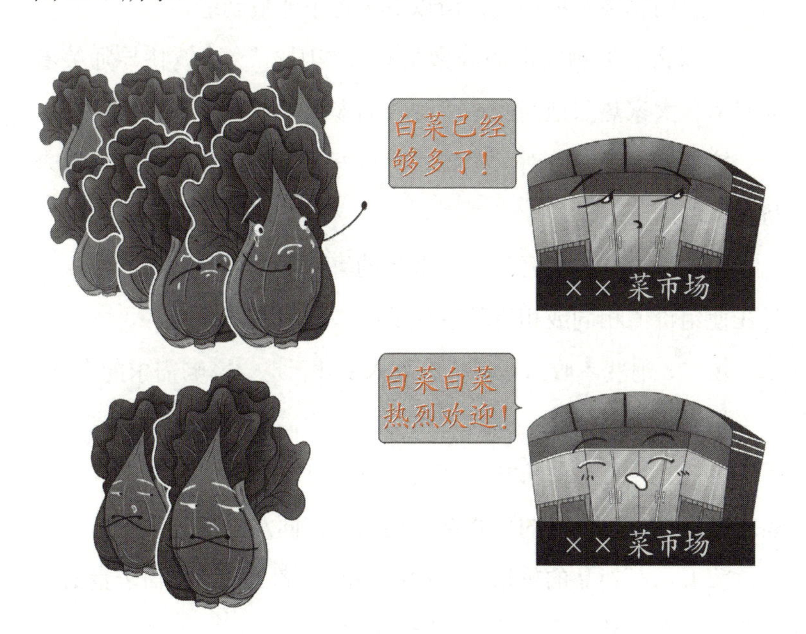

图 10-3　供求

需求的构成因素一共有两点：第一个是消费者的购买欲望，第二个是消费者的购买能力，两者缺一不可。

熊彼特导师接着说："而市场需求，就是在一定的时期内、一定的价格水平下和一定的市场上，所有消费者对某种商品，愿意且能够购买的数量。简单点说，市场需求就是消费者需求的总和。”

王一知道，需求就是“需要”与“欲求”的意思。需要是人的客观需要，而欲求则是主观需要。

熊彼特导师在黑板上写下一个公式——需求＝购买欲望＋购买力。然后向大家说道：“需求就是人类某种需要的具体体现，比如你饿了，你的具体体现就是要吃饭。这是一种天生的属性，因为天生的属性不能创造，所以需求也不能被创造。”

“那么，影响需求的因素又有哪些呢？”熊彼特导师笑着提问道。大家热烈地回应：“赚钱的多少”“看喜不喜欢”。

熊彼特导师笑着对大家说：“很好，各位说的都很对。我来帮大家总结一下。

第一，消费者的喜好。消费者的喜好支配着他购买商品，并且在使用价值相同或相近的替代品中进行消费选择。

第二，消费者收入。消费者收入变化，也会影响需求的变化。

第三，商品价格。商品价格与消费者需求成反比。

第四，替代品的价格。商品价格上升，必然导致其替代品的需求量增加。替代品的价格会按相同的方向发生变化。

第五，互补品的价格。某种商品的价格上升，其需求量必然降低，其互补品的需求量也会随之降低。

第六，预期。如果消费者预见某种商品的价格会上涨，他们便会提前购买。

第七，其他因素。如商品的质量、广告、位置、国家政策等。”

熊彼特导师笑了笑：“以上就是需求。讲完需求后，我们来看一看供给。供给是指在某一时期内，在一定价格下，供给者愿意并能够出售的产品量。”

供给，就是把生活中必需的物资、财产等，提供给有需要的人使用。供给的水平取决于社会生产力的发展水平，所以，一切影响社会生产总量的因素，也都会直接或间接地影响供给量。

“但是，市场供给量不等于生产量。”熊彼特导师强调道，“因为生产量中有一部分会用于生产者自己消费，作为储备或出口，而供给量中的一部分可以是进口商品或动用储备商品。”

提供给市场的商品，不仅具有满足人类需要的使用价值，而且具有凝结着一定社会必要劳动时间的价值。因此，供给不单纯是一种提供一定数量的特定的使用价值的行为，而且还是实现一定价值量的行为。

熊彼特导师说：“与影响需求的因素相同，也有一些因素影响着供给，下面我给各位总结一下。

第一，商品价格。在其他条件不变的情况下，某种商品自身的价格与其供给的变动成正比。

第二，生产成本。在其他条件不变的情况下，生产成本与供给成反比。

第三，生产技术。技术进步，会使成本降低，利润提高。

第四，预期。生产者的价格预期会引起供给的变化。

第五，替代品价格。

第六，互补品价格。

第七，其他因素。比如生产原料的价格、国家政策等。

好了，现在各位对供应和需求都有了一定了解。下面，我来讲解一下决定供给与需求的因素——均衡价格。”

熊彼特导师比画着："大家都知道，需求和供给分别代表着两种不同的力量：买方力量和卖方力量。在市场上，买方是追求效用最大化，卖方是追求利润最大化。在此情况下，买方和卖方就必然存在着竞争。"

"在这样一个竞争性强的市场中，买方和卖方必然会让商品的价格趋向于均衡。而均衡价格是在供求双方的竞争过程中自发形成的，均衡价格的形成，就是价格决定的过程！"（如图10-4所示）

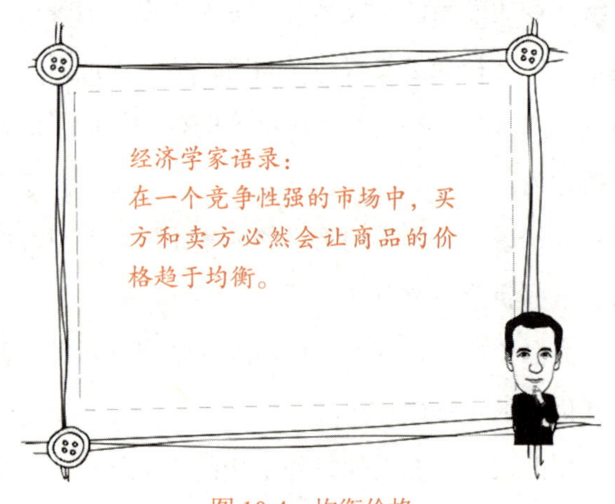

图10-4 均衡价格

熊彼特导师强调："需要注意的是，均衡价格完全是市场自发的形成，如果有外力的干预，比如垄断力量的存在或国家的干预，那么，这种价格就不能称为均衡价格。"

熊彼特导师耐心解释道："需求与供给都对均衡价格有所影响。

需求变动对均衡价格的影响是：需求增加，均衡价格上升，均衡数量增加；需求减少，均衡价格下降，均衡数量减少。需求引发的均衡价格与均衡数量成正比。

供给变动对均衡价格的影响是：供给增加，均衡价格下降，均衡数量增加；供给减少，均衡价格上升，均衡数量减少。供给引发均衡价格与均衡数量成反比。”

熊彼特导师总结说：“当需求和供给同时变动时，均衡价格和均衡产量由需求和供给的变动方向和程度决定。”

他给学生们详细解释道：“在需求和供给同时增加时，均衡产量也会增加，但均衡价格的变动不能确定；在需求和供给同时减少时，均衡产量也会减少，均衡价格的变动同样不能确定。当需求增加，供给减少时，均衡价格增加，均衡产量的变动不能确定；当需求减少，而供给增加时，均衡价格下降，均衡产量也不能确定。”

“好了，同学们，”熊彼特导师愉快地说，“下面我给各位讲解一下，国际供求关系是怎么回事！”

第三节　国际供求关系成就“中国制造”

熊彼特导师在黑板上写了一串英文“Made in China”，然后问大家：“这句话的意思，想必大家都知道吧？”学生们纷纷表示知道。

熊彼特导师接着说：“这句话是‘中国制造’的意思，现如今，标有‘Made in China’的商品已经覆盖全球，从美国圣诞节的礼物，到印度、埃及的旅游纪念品，全世界都在使用着中国制造的商品。从市场占有率来说，中国商品差不多占世界轻工业商品贸易的60%。除此之外，还有很多半成品和料件原料以及中性包装、贴牌的商品没有统计在内。”

王一早就听出国的同学说起过——“我在国外买个纪念品，拿回国后才发现是‘Made in China’。”但让王一没想到的是，中国制造的产品，竟然占了全世界市场的六成！

那么，中国制造是如何走向世界的呢？熊彼特导师告诉大家，这就要讲到国际贸易与国际分工了。

王一早听亚当·斯密导师说过，国际分工是社会生产力发展到一定阶段的产物，生产社会向国际化发展的原因，正是社会分工超越国界的结果。

熊彼特强调：“适用于不同职业之间的分工原则，同样也适用于各国之间，这就是国际分工理论。自由贸易必然会引起国际分工，而国际分工的基础，正是各国的有利生产条件。”

有学生向熊彼特提问：“国际分工有什么优势吗？为什么国际分工会必然出现呢？”

熊彼特导师笑了笑，说：“我发现，中国学生提的问题总能抓住重点。”

“国际分工能让一国在生产方面和对外贸易方面，比其他国家更有优势。在国际分工中，各国都会按照对自己有利的生产条件进行分工和交换。这样才能让自己的资源、劳动力和资本得到最有效的利用，这无疑会大大提高劳动生产率，增加物质财富。”导师解释道。（如图10-5所示）

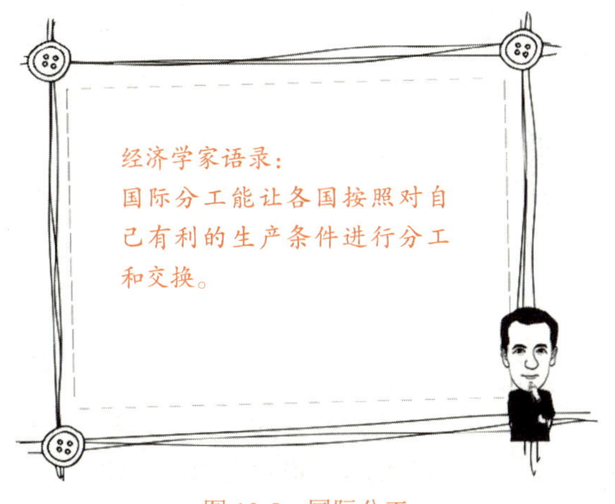

图 10-5 国际分工

熊彼特兴致高昂地说："无论何时，人类都需要同胞间彼此协助，如果只依赖他人的恩惠，那一定是行不通的。要知道，人是理性的，如果你能够刺激对方的利己心，告诉他们，为你做事是对他们有利的，那你达到目的就容易多了。"

熊彼特导师说："我很喜欢孟德维尔在《蜜蜂的寓言》说得一段话，这与我关于分工方面的想法如出一辙。孟德维尔提出的'自利有利于社会利益'的观点，也是'理性的人'的基础！"

熊彼特导师展开书，在书上，孟德维尔是这样写的——不管是谁，如果他想跟别人做交易，首先他会这样提议——请给我这件物品吧，我可以用你想要的物品作交换。这句话就是交易的通义。

大家理解了导师要讲的意思：我们获取所需要的物品，大部分是通过这种方法实现的。我们每天所需的食物和饮品，不是出自屠户、面包师或挑水工的恩惠，而是出于他们的自利心。

而国际分工就是社会分工从国内向国际延伸的结果，是国家之间的利己心在起作用，进而让生产社会化向国际化方向发展。

"世界产品都交给中国制造，是国际大分工的必然趋势。"

熊彼特导师笑着说，“因为中国拥有世界上最多、最熟练、相对成本最低的劳动力，在中国能把分工做到最细、最佳，这自然就成为制造产业的首选国家。”

有学生向熊彼特导师提问道：“可是印度和非洲国家的劳动力也很多，而且廉价，为什么商品不是印度或非洲国家制造的呢？”

熊彼特导师告诉学生们：“除了丰富、廉价的劳动力外，往往还要考虑很多。比如像电力、电信、交通等基础设施，还有金融和政府合作等。中国在这些方面远远领先于印度，当然更领先于非洲国家。”

“正因为中国有廉价的劳动力优势，还有足够的工业基础设施，”熊彼特导师解释道，“所以世界上其他国家，尤其是一些发达国家，更倾向于把工厂建在中国。”

“而中国呢，也乐于将自己生产的商品卖到国际上赚取利润，中国近几十年的经济腾飞，在很大程度上得益于这种国际分工体系下发达国家的制造业转移。”

“至于刚才那位同学提出的问题，国际分工为什么必然会出现，我有三点需要讲解。”熊彼特导师讲了以下三点原因。

第一，市场供需决定国际贸易必然出现，如果一件商品在某国出现供过于求的状况，那么该国商人必然会寻找国家之外的需求；反之一件商品在某国出现供不应求的状况，那么该国商人又必然会寻求海外生产地。

第二，为了促进国际贸易的发展，国际分工必然会出现，因为国际分工是国际贸易发展的基础。国际分工不仅能提高效率，还能增加各国的商品数量，增加国际交换的必要性，促进经济的迅速增长。

第三，第三次科技革命后，发达国家的工业因科技而快速发展，低层级的生产制造业需要转移，但社会对于该类产品的需求量却与日俱增，因此必然要求国际分工程度的进一步加深，因为只有这样才更能满足国家的经济发展需求。

“这些就是国际分工必然出现的原因，”熊彼特导师慷慨激昂地说，“发达国家把国际分工做得更加专业化，发展中国家也在努力改善自己在国际分工中的不利地位，并组成一些经济集团来抗衡。因此，世界产品、中国制造就成了当前经济发展的大趋势。”

场下的同学都沉浸在熊彼特导师的犀利分析中，久久没有说话。

熊彼特导师拍了拍手，说道：“各位，国际分工对于中国制造的好处大家都知道了，那么我们接下来再讨论另外一个问题——在国际市场之外，中国国内市场对于中国制造有着怎样的影响。”

第四节　理想中的供求模型

王一知道，最近一段时间，中国开始面对出口不利的外贸形势，号召人民增加消费，用国内消费的方式弥补外贸缺口，以避免制造业出现重大危机。

“大家看看最近中国政府对于消费的号召就应该明白国内市场对于制造业的重要性了。”熊彼特导师说道，“其实，早在上一次金融危机的时候，中国政府就有过类似的号召，那个时候民间还有一个词汇叫作‘出口转内销’。”

“当外贸出现问题时，紧急寻求内部市场，目的就是寻求供求关系的平衡，因为当供求关系出现严重失衡时，经济体就必然爆发严重的危机。”熊彼特导师说完，又给出了下面的例子：

“当一个国家商品过多，而市场萎靡，也就是出现严重的供过于求，就会导致企业崩溃，社会资金链条断裂，从而造成企业破产、工人大量失业；与之相反，当一个国家出现严重的商品短缺，供不应求，就会造成物价飞涨，人民一样会陷入水深火热。

正因为如此，大家都在积极寻求理想中的供求平衡，那么，我们如何来理解这种平衡呢？在解决这个问题时，大家先要理解一个名词——简单市场！”熊彼特导师笑着说道，“简单市场就是指这个市场只有一种商品，而且信息完全对称，在这个前提下，我们再进行供求平衡的讲解。”

王一和其他学生纷纷坐直了身子，仔细听熊彼特导师讲课。

熊彼特导师说：“简单市场不但要求市场商品供给总量，以及商品购买力总额之间的平衡，同时也要求主要商品供求额之间的平衡。

要知道，市场商品的供给总量以及商品购买力之间的平衡是前提，而主要商品供求额之间的平衡是基础。主要商品虽然品种很少，但消费量很大，如果主要商品供求不平衡，供求总额的平衡就难以实现。

所以，这既要求在一个经济体内组织好供求平衡，又要求经济体各地域间组织好供求平衡，”熊彼特导师笑着说，“实现整个经济体范围的平衡是组织商品供求平衡的总体目标。”

熊彼特导师笑道：“在这方面，中国做得就非常好，中国在组织全国供求平衡的同时还统筹兼顾，尽量实现了地区范围内的平衡。尤其是工矿林区、边境地区、少数民族地区、旅游地区和对外开放城市等地区。”

王一点点头，是啊，只有全国供求平衡了，才能保持全国物价总水平基本稳定。对于城乡间的商品供求关系，还是应该继续坚持“两个优先”的原则，保持供求的相对平衡。

“那么，实现供求平衡究竟有什么意义呢？”熊彼特导师抛出这个问题后，大家一脸迷茫。

熊彼特导师为大家解释道：“供求平衡说白了，就是让市场商品供应量与其构成，跟市场上原有的货币支付能力的商品需求量与其构成，二者之间能够保持平衡。”（如图 10-6 所示）

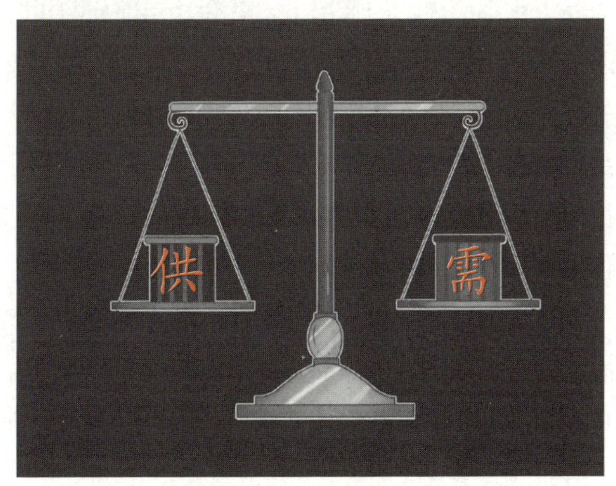

图 10-6 供需平衡

中国在社会主义制度下，保持国民经济综合平衡的一项重要内容，就是组织市场商品供求平衡，保持供求比例协调。这也是流通部门安排市场的重要工作。

“因此，”熊彼特导师笑着说，“让市场商品的供求保持平衡，对发展国民经济、合理组织流通、保障人民生活安定，都具有十分重要的意义。

供求平衡可是让社会再生产能够稳定发展的必要条件。”熊彼特导师强调道。

“在商品供求平衡的状况下，生产者的物质消耗才能得到补偿，消费者的购买需求才能得到满足。而商品供求不平衡的任何一种状况，对于社会再生产的进行都是不利的。”

王一连连点头，他知道，在商品“供过于求”的情况下，如果继续不合理地增加库存，就会造成社会劳动的浪费，还会让资金周转变得缓慢甚至停滞，从而导致工厂的生产不能稳定进行，甚至被迫停产。

在商品“供不应求”的情况下，就会让一部分购买力难以实现，对人们实际生活水平的提高产生影响，还会削弱消费者对商品质量的监督。这就让社会生产企业难以改进生产，只能通过增加花色品种或者提高产品质量来提高人们的购买力。

熊彼特导师接着说道：“供求平衡也是中国实现‘按劳分配’的重要保障。”

王一立马表示强烈赞同。因为在社会主义条件下，“按劳分配”需要借助货币，通过商品交换的形式来实现。劳动者凭借劳动获得货币，然后到市场购买自己需要的消费品，这样才能让“按劳分配”得到最终实现。

熊彼特导师告诉学生们：“如果商品供求不平衡，尤其是供不应求，就没办法保证将城乡居民的货币转化为商品，也没办法保证‘按劳分配’原则能够充分执行，更无法保证人民生活水平的提高，这就会降低人民群众的积极性。”

熊彼特导师耸了耸肩：“此外，供求平衡也是稳定物价稳定币值的必要条件。市场商品供求不平衡会引起市场物价的波动，引起城镇居民货币收入出现不正常的再分配。”

商品供过于求，就会让货币回笼更加困难；而商品供不应求，就会造成货币贬值。因此，有计划地组织市场商品的供求平衡，才对保持市场物价的稳定更加有利。

熊彼特导师接着说：“供求平衡更是合理配置社会资源的有效手段。因为供求平衡的实现，有利于合理地利用人力、物力、财力和自然资源，避免社会财富的浪费。”

“市场商品供求平衡，就意味着国民经济基本比例关系协调，而社会的总劳动时间也会按照社会需要，按比例分配在各类商品的生产上，进而让整个社会生产，用合理的劳动耗费获得更好的经济效益。”

学生们听得有些迷茫，但王一听明白了，只要市场商品供求不平衡的任何一种状况存在，就将对社会造成浪费和损失。

熊彼特导师说：“给各位举个例子吧。例如，当某种产品出现了大规模的‘供过于求’，就说明投入该商品时，生产所使用的人力、物力和财力大大超过社会需求，造成商品积压，造成社会劳动的浪费。”

王一连连点头，没错，在商品供不应求的时候，就会出现人力、物力和财力得不到充分利用的状况。

熊彼特导师笑着说：“再给各位举个例子。因为商品产不足销，所以供应会制约需求，这就会造成生产单位对产品质量不在意，粗制滥造，也不注意节约材料。同时，商品供不应求，就会削弱人民对商业服务质量的监督，影响企业改善经营管理。这既损害消费者的利益，又损害社会的利益。

但是，这种简单市场是不存在的。因为供求关系不可能完全平衡，只能尽力达到相对平衡，而中国政府在外贸和内销中不断调和，本质就是在寻求这样一种平衡。”熊彼特导师耸了耸肩，笑着对学生们说道，“当然，政府做得再好，最终的效果一样需要市场的检验，更不用说理想中的供求平衡还只是经济学家们设立一个假设条件，目的仅仅是为帮助他们更好地掌握市场。”（如图 10-7 所示）

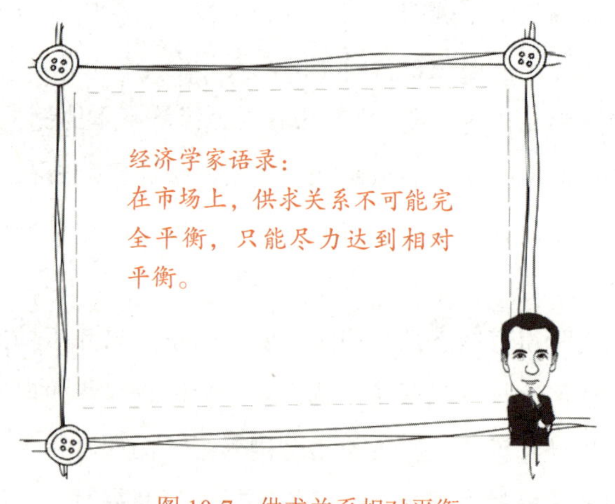

图 10-7　供求关系相对平衡

听完熊彼特导师的话，王一突然有些舍不得这个真性情的导师了。他看到别的同学也流露出不舍的神情，熊彼特导师的课程实在是太短暂了！

约瑟夫·熊彼特对台下的学生们深深鞠了一躬，消失在热烈的掌声中。

第十一章

蒙代尔导师主讲“消费”

本章通过四个小节，讲解了罗伯特·蒙代尔的消费经济学内容。在罗伯特·蒙代尔看来，消费就像一把“双刃剑”，用好了可以激活市场，用不好就会反噬自身。为了帮助读者更好地理解罗伯特·蒙代尔的消费经济学，作者将罗伯特·蒙代尔的观点熟练掌握后，辅以幽默诙谐的文字呈现给读者。对消费方面感兴趣的读者，本章是不可错过的部分。

罗伯特·蒙代尔

（Robert·A. Mundell，1932 年 10 月 24 日—），加拿大人，1999 年诺贝尔经济学奖获得者，最优货币区理论奠基人，被誉为“欧元之父”。

蒙代尔毕业于哥伦比亚大学和华盛顿大学，后在伦敦政治经济学院读研究生，1956 年获麻省理工学院经济学博士学位。2009 年 9 月，蒙代尔出任中国香港中文大学博文讲座教授。

蒙代尔获超过五十个大学颁授荣誉教授和荣誉博士头衔，亦曾担任多个国际机构及组织的顾问，包括联合国、国际货币基金组织、世界银行、欧洲委员会、美国联邦储备局、美国财政部等。

第一节　热衷花明天钱的美国人

上一周，熊彼特导师关于“供求”的一堂课，让所有同学都颇有所得。

好不容易熬到了星期六，王一收拾好东西，神采奕奕地走进了大礼堂。今天大礼堂的人格外多，难道是事先听到了什么风声？

待王一坐定后，钟表指针也指向了12点。突然，讲台四周响起了音乐声，把王一吓了一跳，他不由得暗想：“这位新导师还挺时尚嘛。”

伴随着音乐声，一位西装革履、金发碧眼的现代男性款款走上讲台。

他微微有些发福，顶着一头金色但有些稀疏的头发，嘴角洋溢着笑意，甚至还打了一条紫红色的领带，让人感觉喜气洋洋的。

“嗨，各位中国的学生们，”讲台上的导师意气风发地开了口，“我是今天的经济学导师——罗伯特·蒙代尔！”

大家对罗伯特·蒙代尔导师报以热烈的掌声。

罗伯特·蒙代尔导师开门见山地介绍道：“这节课，我要为各位讲解一下经济学中最重要的一个环节——消费。”

蒙代尔导师问道：“各位知道我是加拿大人吗？”大家都点点头，蒙代尔导师在经济学领域还是很有名的。

蒙代尔导师笑眯眯地说：“那各位知道我们加拿大人和美国人虽然处处针锋相对，但有一个共同的习惯吗？我们跟中国人不一样。就拿买房子来说吧，中国人习惯攒20年钱，然后全款买一套房子；而我们北美人习惯先付首付，然后贷款买房，这样可以先住进去再慢慢还。”（如图11-1所示）

图11-1　两种消费习惯

大家都点点头，这确实符合中国人和美国人的消费习惯。

蒙代尔导师笑着说道：“不瞒各位，其实我在美国的时候也是个正儿八经的‘月光族’。”

啊？大家一脸惊诧，难道美国人的收入这么低吗？

蒙代尔导师看出了大家的想法，笑了笑说：“美国人的收入可不低哦，要知道，美国可是发达国家呢，如果换算成人民币，美国人均月收入是2万元人民币，大家说这个收入低吗？”

大家一听月收入2万元，赶紧改口：“不低，不低，那为什么会变成月光族呢？美国人的钱都去哪儿了？”

蒙代尔导师一脸无奈地说：“答案很简单，就是花光了！”

大家都被这个简单粗暴的答案惊到了。一个男生忍不住问道：“美国人都不知道攒钱吗？”蒙代尔导师却一脸从容：“美国人为什么要攒钱？”

这个男生犹豫了一下，说道：“攒钱……买车，买房子？”

蒙代尔导师说道：“我们买车、买房子不需要攒钱啊，直接贷款就可以了。”

这个男生又犹豫了一下，然后突然说：“那美国人不用攒钱养老吗？”

蒙代尔导师毫不犹豫地说：“美国的社会保障体系健全啊，所以买买买完全无所畏惧！”

这个男生想了想，实在没什么好说的了。

蒙代尔导师拍了拍手，将学生们的注意力重新抓回来，然后解释道：“其实，美国人之所以喜欢超前消费，是因为消费能够很好地促进经济繁荣。在一个稳定繁荣的经济体内，消费应该是被鼓励的，因为消费可以带动生产，而生产是能够创造就业的。”（如图 11-2 所示）

图 11-2　消费带动就业

蒙代尔导师在黑板上写下这样一句中文：

消费—制造—就业—再促进消费。

“我给各位讲个经济学笑话吧，”蒙代尔导师笑眯眯地说道，“话说小明是个饭店服务员，他拿着100元工资去托尼导师那里烫了个头——托尼导师赚到100元后，又去饭店吃了顿大餐——老板赚到钱后，又给小明发了工资。等于这100元兜兜转转，又回到了小明手里。”

“嗯……好像有点道理。”一位女生想了半天，最后说道。

蒙代尔导师看到大家若有所思的样子，轻轻咳嗽了两声，然后说道：“可是，2020年初新型冠状病毒肺炎疫情突然爆发了，小明虽然赚了100元，但他却不敢去托尼导师店里烫头了。托尼导师没赚到这100元，也不敢去店里吃饭了。由于没有客人，饭店老板也不需要服务员了，于是他解雇了小明。”

“啊？小明因为没花掉这100元，所以失业了？”一位男生不可置信地说道。

“当然，这只是个经济学笑话，”蒙代尔导师耸了耸肩，“但大家仔细想想，这个笑话中也包含了消费在经济中的意义。如果大家都把钱捂在口袋里，那这些钱就会变成一堆废纸，国家经济也会随之低迷。”

“啊，怪不得美国经济这么繁荣，原来是超前消费带来的！”一个男生说道。

蒙代尔导师轻咳了一下，笑着问道：“好了，大家都知道美国人热衷于提前消费的原因，那谁能告诉我，为什么中国人却喜欢捂紧钱包呢？”

第二节　中国人为什么爱攒钱？

蒙代尔导师的问题让学生们纷纷发言起来。

有人说节俭是中国的传统美德，有人说中国的征信系统不完善，突然有个男生说道："中国人不习惯欠账。"这句话把蒙代尔导师和其他学生都逗笑了。

蒙代尔导师一边笑一边说："其实，这是因为中国经济刚刚起步，虽然它发展速度很快，但前期积累弱，这就是人民不敢过度消费的原因。而且，中国人在收入方面的不确定性因素也在增加。由于这种高度不确定性，中国人更愿意将大部分收入储存起来。"

"也许各位不相信，中国人是世界上最不爱花钱的。"蒙代尔导师斩钉截铁地说道，"因为中国人早就习惯了攒钱，美国人平均有70%的钱用在非必要消费品上，而中国人这方面的消费还不到10%，当然，节俭是一个传统的美德，但大家想想，如果老百姓都不消费那生产是否也会因此萎靡不振呢？而且，在这个经济发展全球化进程不断加深的时代，中国消费市场不振也会对世界造成影响。大家都知道，现在全球经济都不太好，可是，在国外市场萎缩的情况下，中国市场却无法做很好的补充和替代，为企业提供消费能力。"

有个女生不服气地说："可是，全世界都知道，中国人是最爱买奢侈品的啊！不说奢侈品，就说普通消费品——要问到谁最有可能冲进商场里疯狂消费，那大家第一反应肯定是中国人啊！

不说中国大妈还拯救了华尔街吗？”

蒙代尔导师微笑道：“这种情况是因为前段时间全球经济都不景气，只有中国经济发展速度不减反增，所以一部分中国人有能力消费。但你们要知道，实际情况跟大家想象的恰好相反——”

“即使中国人的收入创下历史新高，但从国际上看依然很低，”蒙代尔导师说道，“何况中国没有能力去国外消费的普通人仍然很多，他们不愿多花钱消费。有一项调查表明：随着收入的增加，中国人存钱的倾向也随之增加。”

蒙代尔导师摇头晃脑地说：“据我所知啊，从 1989 年到 2006 年，中国家庭平均年收入从 12830 元变成 32040 元，增长了近两倍。这种现象按理说是好事，但中国人却更加不安，请问这是为什么呢？”（如图 11-3 所示）

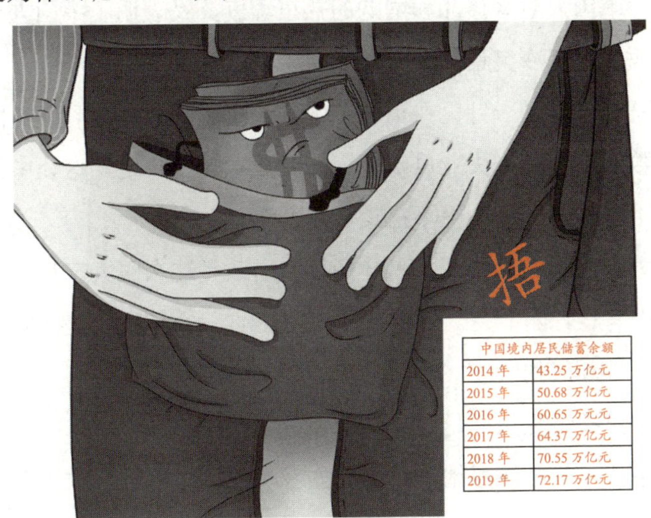

中国境内居民储蓄余额	
2014 年	43.25 万亿元
2015 年	50.68 万亿元
2016 年	60.65 万元元
2017 年	64.37 万亿元
2018 年	70.55 万亿元
2019 年	72.17 万亿元

图 11-3 捂紧钱包

是啊，为什么呢？按理说改革开放后，人民生活水平提高了，应该有更多的钱消费呀，怎么会越发捂紧钱包呢？大家一脸不解。

蒙代尔导师慢条斯理地说：“因为中国老百姓觉得存在风

险！20世纪90年代以后，改革开放让很多工人从国企流向私企，如此一来，他们的职业稳定性就会大大下降，而且，他们还要适应新的养老机制。这让他们感到危机重重，只有把钱捂在口袋里才能安心。”

蒙代尔导师无奈地说：“其实中国和其他发展中国家一样，老百姓的储蓄并不多，所以从整体上看，中国很富有，但其实只富了一小部分人，大部分人还是舍不得花钱。”

王一和大部分学生都强烈点头表示赞同。中国贫富差距较大。虽然国家正在进行调控。

蒙代尔导师继续他犀利的发言：“中国人不爱消费，难道真是受了儒家思想影响，崇尚简朴的生活？可就像刚才那位女学生说的，中国人对奢侈品和网购的热衷程度，又表明了中国人天性不爱消费是个冷笑话。”

蒙代尔导师一针见血道：“中国人捂紧钱包，说到底是因为大多数人不富裕，失业风险较大，就业率较不稳定，这让中国人不得不选择节省，不得不捂紧钱包。”

大家都沉默了。蒙代尔导师举例道：“这么跟大家说吧，如果你很有钱，你不会一餐吃50斤大米，你只会用很精美的餐具，吃一餐很高级的食物，对吗？”

大家纷纷点头称是。

蒙代尔导师满意地说：“正如我举的例子一样，中国政府希望的消费，不是指奢侈品上的增量，而是在日常生活方面的消费水平，拉动效应应该出现在广大的基层人民身上。”

这时，一个男生举手示意蒙代尔导师，在征得同意后，说道：“导师，我认为中国人不消费的原因，除了就业不稳定外，跟不健全的社会保障体系也大有关系。我们那儿就流传着‘养老难，看病贵，孩子上学没法管’的说法。”

蒙代尔导师点点头，说道：“没错，但社会保障体系也是要以高就业率为基础的，你可以想象一下，如果人人都有工作，自然就有钱养老，也有钱过更好的生活；如果每个人的就业都不稳定，谁交钱去建立社会保障体系呢？”

那个男生点点头，蒙代尔导师接着说：“在收入少的情况下，更不可能把钱投到消费中去。这就是中国人不愿意消费的另一个原因。”

蒙代尔导师总结道：“总而言之，中国人不愿意消费，并不是他们多喜欢银行，也不是因为他们都天性简朴，而是因为就业不太稳定，所以不敢花钱。”

“在这样的情况下，想要启动消费实在很难，但改进的方向却很明确。”蒙代尔导师搓手道，“一是增收，提高底层人的收入水平；二是减负，减轻普通人的社会负担；三是缩减，就是减小贫富差距。”

王一点点头，蒙代尔导师提的几条建议很正确，只有这样，人民才能真正响应国家“拉动内需”的号召，中国经济才有可能从外向型转为内需型。

蒙代尔导师笑着说道：“而且中国人的存钱方式很有意思，都是年轻人和老人攒钱。因为年轻人需要存一笔钱，以此应对未来可能出现的失业风险和收入不稳定；老人则需要为自己的退休生活准备一笔存款。”

蒙代尔导师突然说：“各位，你们知道吗？我不推荐各位攒钱，因为攒钱的后果真的很严重哦！”

大家都被吓了一跳，蒙代尔导师是不是在吓唬人啊。自古都是钱不够花了后果严重，哪有攒钱后果严重的呀？

蒙代尔导师似乎看出了大家的疑惑，于是摇头晃脑地说道："各位，且听我慢慢道来——"

第三节　攒钱的后果很严重

蒙代尔导师接着这个问题说道："在给各位讲解攒钱的严重后果前，我先给各位讲一道颇有悲情色彩的数学题：我在中国上海有套房子……"

蒙代尔导师的问题还没说完，大家就纷纷笑起来，这个老外还在中国最贵的黄金地段有套房子呢。

蒙代尔导师佯装大怒道："这只是一个比方，大家不要抠字眼嘛！我接着说啦——"

"我这套房子值200万元，假设平均每年都要上涨10%。一个做开发的IT工程师，年薪40万元。如果他想买我的房子，还不贷款，而且工资也不变，每年不吃不喝不消费，那他需要几年才能攒够钱买我的房子？"

A. 5年

B. 10年

C. 20年

D. 50年

E. 永远买不起

大家陆续做出了答案，大部分人给出的答案都是A、B、C、

D 中的一个，但蒙代尔导师却大声宣布："答案是 E！"

王一点点头，他没像其他同学那样张口即来，而是用笔算了一下。然后他发现，这个 IT 工程师永远都买不起房子。

蒙代尔导师转身在黑板上写了一个公式：$200\times(1+10\%)^n=40n$。

然后笑眯眯地说道："其实这道题列个方程式就明白了。房价每年增幅为 10%，随着 n 的增加，上式的左边将呈指数级上涨。拿几个时间点代入一下，各位就知道怎么回事了。"

比如 A 选项，5 年之后，这套房子的价格已经涨到 322 万元；

再看 B 选项，10 年之后，就变成了 518 万元；

20 年之后就是 1345 万元；

50 年后已经高达 2 亿元……

大家看着这组数据惊呆了，蒙代尔导师趁热打铁道："题目中这位不吃不喝不消费的 IT 工程师，按理说够勤俭节约了吧？但 10 年后，他身家只有 400 万元，到 50 年之后，他攒够了 2000 万元，但与房价足足拉开了 10 倍的距离！"

蒙代尔导师感慨道："大家可以看到，攒钱真的一点儿用都没有，因为在指数增长面前，线性增长简直就是微不足道的。这位工程师的买房梦，恐怕是三生三世都无法实现了！"

大部分同学都认同了蒙代尔导师的说法，但依旧有同学在钻牛角尖。一位男生举手道："导师！我也没想过要买房子啊！我就安于现状，啥也不买，不乱花钱，能省下一点儿算一点儿，这不也挺好的嘛！"

不少人表示了强烈赞同。蒙代尔导师气定神闲地说道："非也非也，就算你啥都不做，可别忘了，还有个潜伏在你身边的经济杀手——通货膨胀呢！如果你不懂投资，省钱只能委屈自己，而且越来越穷！"

这位男生心服口服地坐下了，同学们也是一脸叹息。

一位女生说："可是，蒙代尔导师！如果我们不攒钱的话，怎么才有消费的能力呢？"熊彼特导师一拍手，说道："你可以赚啊！"

这句话让很多人都一脸无奈，赚钱说得容易，可怎么赚呢？

蒙代尔导师微笑着说："想赚钱，最重要的是投资。投资会让你的资产从线性增长变成指数增长。让资产指数增长最简单的办法就是投资，再投资！"

王一点点头，早在第一节课，威廉·配第导师就给大家讲了威力惊人的复利，王一到现在都记忆犹新。

蒙代尔导师说道："就拿普通的投资助手做例子，当你进行为期一年的投资后，他们会把你的本息一并还给你。此时，你只要把本息再投进去一年，就相当于复利投资了。这样下去，财富的雪球就会越滚越大。"

蒙代尔导师的话让所有学生都想到了威廉·配第导师讲的"复利的诱惑"，这也让无数迷茫的学生看到了一丝光亮。

"哎，扯远了扯远了，我们要讲的是攒钱的后果。"蒙代尔导师一拍脑门道，"刚才我已经提到了攒钱的第一个负面影响——攒下的钱根本跟不上通货膨胀的速度。下面，我再给大家讲讲第二个负面影响。"

蒙代尔导师清了清嗓子说道："这其实是个很简单的道理——如果老百姓都把钱存起来，那市场上流通的钱就会减少，为了刺激消费，国家就需要增加货币的供应。可是，如果老百姓把钱取出来消费了呢？那市场上的钱就会突然增多，继而出现一系列货币问题——这可是很严重的，因为货币超发势必埋下产能过剩的祸根，造成经济滞胀。"

“天啊，真没想到，攒钱这件看上去很好的事，竟然会造成这么大的经济问题。”一位女生摇着头说道。

“是啊，”她旁边一位男生小声应和道，“所以我们还是要适当消费的。你看，当初要是听我的，早早就把 Switch 健身环买回家，现在就能省下几百块钱呢。”

女生不满地说道：“我哪儿知道它会涨价啊，那我肯定得攒钱啊，不攒钱以后怎么办，万一有急用呢？”

说完，女生自己也愣了一下，随即又笑了：“唉，你说得对，我又掉入攒钱的‘陷阱’里了。看来，以后还是要多从经济学角度思考问题。”

“不错，”蒙代尔导师愉快地说道，“对了，各位，你们都知道沉没成本和机会成本吗？”

第四节 沉没成本和机会成本

“开讲前，我先给各位讲个小故事。”蒙代尔导师笑着说。

有位经济学家带着三个学生去吃饭，正好饭店搞活动：消费满 300 元返 30 元。四个人点了 270 元的菜，但是菜非常难吃，简直难以下咽。

这时，有位学生提议大家再点三个 10 元的冰激凌，凑够 300 元好了，这样还能拿到 30 元。经济学家拒绝了这个提议，而是出门买了几个品牌冰激凌，单价为 20 元。

学生们不理解，为什么放着返现的冰激凌不吃，要出来吃品牌冰激凌呢？经济学家笑着说：“我们已经吃了这么难吃的饭，就不要再多吃几个难吃的冰激凌了。这就好像你花了 5 元钱买了一根烂香蕉，为了不浪费选择吃掉，太傻了。”（如图 11-4 所示）

食物已经腐坏，在经济学角度认为已经“沉没”。

图 11-4 沉没成本

听完这个故事，在场的同学纷纷陷入思考。王一想，如果自己在场，一定也会选择该饭店的冰激凌。因为已经花了 270 元，如果不拿到那 30 元的返现，就太亏了。其他同学也是一脸迷惑不解，不知道故事里的学生傻在哪里。

蒙代尔导师笑着说：“其实，你已经花掉的 270 元就是沉没成本。”

沉没成本，专业点说，是指由于过去的决策已经发生了，而不能由现在或将来的任何决策改变的成本。简单来说，就是已经付出，且不可收回的付款、投资等。

蒙代尔导师解释道：“我们在决定是否去做一件事时，不仅要看这件事对自己有没有好处，也要看过去是否已经对这件事有所投入。我们在这件事上耗费的时间、金钱、精力等，都是沉没成本。”

王一不禁咋舌，如此说来，生活中到处都有沉没成本的陷阱啊。比如看到一半发现是烂片，因舍不得票钱继续看下去的电影，再比如一份不喜欢的工作，或者一对想凑合着过的恋人。

蒙代尔导师接着说：“面对沉没成本时，我们应该怎么做呢？”

在场的学生都在思考这个问题。蒙代尔导师继续说道：

“一个学生看中一套房子，租金是 1400 元，他付了 200 元定金。第二天，他又发现一套相同条件的房子，租金只要 1300 元。虽然他已经付了 200 元，但已付的 200 元是沉没成本，已经无法挽回，如果你为了这 200 元选择 1400 元租金，那你每个月都要多付 100 元，花的钱越来越多。如果你是这个学生，请问怎么做？

正确方案是忽略掉沉没成本，选择最优方案。在沉没成本面前，我们最容易犯的错误就是对‘沉没成本’过分眷恋，导致错误继续，造成更大亏损。”

蒙代尔导师接着说：“就好像某些姑娘爱上一个渣男，交往一阵子后觉得这个男的不行，但因为之前付出的太多了，于是凑合着过，最后甚至怀孕了，就勉强嫁了，结果婚后更悲惨……”

王一深表赞同地点点头，他刚上大学的时候，同学间流传着这样一种说法：你每年的学费是多少，你要上多少节课，每节课的成本大概是 100 元钱，如果你不去，就相当于亏了 100 元。

每当王一准备逃课时，就会跟他们说，交的学费是你已经损失了的钱，你没必要再把时间也搭上。然后他就毅然地逃课了。

这确实不是好事，但起码还算一个好道理。

蒙代尔导师接着说："有很多投资公司也是这么操作的，一开始，他们会让你出点小钱做评测、资质或标准，然后让你越投越多，你一想到已经投入的钱，又幻想万一能成功拿到上千万投资，就一咬牙坚持下去了，最后血本无归。"

蒙代尔导师接着说："我们了解沉没成本后，再来看一下机会成本。"

机会成本，专业点说是指在面临多方案择一决策时，被舍弃的选项中的最高价值。

举个例子来说：你家里有一块地，你可以把这块地租给工厂，也可以把这块地租给农户。这块地的最高出租价格，就是你的机会成本。

在机会成本上最容易犯的错误，就是由贪婪引起的失误。它会告诉你，你永远不能占有全部，就像这块地一样，你不能既租给农户种庄稼，又租给工厂放机器。你做出了某种选择，就必须要放弃其他选择。

蒙代尔导师笑道："有些机会成本可以用货币来衡量，有些则不能。"

比如说，农民在获得一块土地时，面临着养猪还是养鸡的选择，养猪的机会成本，就是放弃养鸡所获的收益。这就是可以用货币来衡量的机会成本。

但有些机会成本无法用货币衡量。比如，你往往很难选择到底是在图书馆看书学习，还是放弃学习去看电视剧。

再举个例子：你今天中午选择了在麦当劳吃午餐，就错过了吃必胜客的机会，有可能必胜客推出了一款特价餐品，你就只能错过了。

蒙代尔导师笑着说："再夸张一点，你选择了在宿舍打游戏，就丧失了去图书馆学习的机会，你有可能在图书馆里遇到一个女孩，这个女孩可能会成为你的妻子。但你选择了打游戏，就没妻子了。这个妻子，就是你打游戏的机会成本。"

机会成本在资本运作过程中体现得更为明显，比如，你在 20 年前有一笔可观的资产，如果你当初选择投房产，可能现在就会笑了；如果你当初选择投股市，可能现在就要哭了。

机会成本会帮你分析各种选择，让你尽量减少一时冲动，因为很多人都会有一时冲动的情绪，这会导致不好的境遇。对于一些激进分子，机会成本更应该被考虑。

蒙代尔导师说道："沉没成本告诉我们要及时止损，如果你做不到这一点，就不要碰股票；而机会成本则告诉我们，做选择的时候多想想可能造成的损失，一定要确保得到的价值大于机会成本，这样做选择才会比较靠谱。"

蒙代尔导师愉快地说道："对了，各位，你们知道欧元吗？"

第五节　欧元的好处在哪里？

蒙代尔导师此话一出，学生们立刻哄笑一堂："当然了，欧元这么有名，我们怎么能不知道呢？"

罗伯特・蒙代尔导师也笑了，随即，他有些骄傲地说："各位可能不知道，我曾获得过 1999 年的诺贝尔经济学奖，奖金有大概 100 万美元。"

“哇！”“好厉害啊！”大家纷纷赞叹，可谓捧足了场。一个女学生一脸梦幻地问道：“罗伯特·蒙代尔导师！您用这100万美元都做了什么呀？环游世界？”

罗伯特·蒙代尔导师反而有点不好意思：“先修缮一下自己在意大利图斯查尼的房子，再为自己两岁多的儿子尼古拉斯买一匹矮种马，最后把剩下的钱都存入银行。”

听完罗伯特·蒙代尔导师的一番话，女生脸上的梦幻表情破碎了，她不由失望道：“啊？这也太没创意了！您不是说不要攒钱嘛！结果您自己却攒了。”

罗伯特·蒙代尔导师脸一红，连咳了几声，赶紧补充了一句挽回面子：“可是！我是把奖金以欧元的形式存入银行的哦！之所以兑换成欧元，是因为我很看好欧元的发展前景！咳咳，回到正题上来，各位知不知道欧元的好处啊？”

学生们大眼儿瞪小眼儿地互相望着，好处大家都知道，但是真要说出来，一时半会儿还不知道该怎么说。憋了半天，一个男生吐出了两个字：“稳定？”

罗伯特·蒙代尔导师一拍巴掌，鼓励道：“没错！还有没有别的想法？”受到鼓励后，一个女生也怯怯地说道：“投资赚钱？”罗伯特·蒙代尔导师同样对这位女生给予了肯定。

于是大家七嘴八舌地说起来，说到最后，罗伯特·蒙代尔导师都有些蒙了。于是他掏出手帕擦了擦汗，道：“没想到中国学生的想法这么多！大家说的都很有道理，我把各位的想法总结一下，你们听听有没有道理。”

罗伯特·蒙代尔导师讲道：“当然，欧元最重要的作用，就是给欧盟国家带来了积极的影响。大家知道，欧洲是一个巨大的消费市场，不仅欧盟国家相互有合作往来，就连其他大洲的国家也都愿意来欧洲消费。这是为什么呢？正是因为欧元稳定了欧洲市场，这种较为单一的货币形式消除了汇率风险，降低了交易费用，增加了市场的透明度。”

“您的意思是，欧元稳定了欧洲的消费市场？”王一说道。

“不错，”罗伯特·蒙代尔导师说道，“大家可以想一下，欧洲就这么大，法国人去德国买火腿，就像中国香港人去深圳地区买酱油一样近。如果买个火腿还要把法郎换成马克，这就太麻烦了。”（如图 11-5 所示）

图 11-5　欧元的好处

“此外，欧元还能减少金融方面的巨大耗资，大大提高竞争力。”罗伯特·蒙代尔导师说道，“各位知道，2020 年之前，英国还尚未脱离欧盟时，单凭英、法、德等国的力量是不足以与美国抗衡的，但欧盟是个强大的后盾，这使得欧元能和美元相提并论，为欧盟化解国际金融市场的振荡提供有利条件。”

罗伯特·蒙代尔导师有些骄傲地说：“欧元有利于促进物价的稳定，就像刚才那位男同学说的，欧元可以增强公众的信心，创造一个稳定的金融市场环境。”

“当然，欧元还直接为欧盟内部建设带来很大活力。”罗伯特·蒙代尔导师说道，“欧元把欧元区各国独立的资本市场合并到一起，促进了一个灵活的劳工市场，而且这个市场可是没有关税和银行管理问题的哦！非常和谐！”

罗伯特·蒙代尔导师颇为神往地说道：“欧元还推动了欧洲经济一体化的进程，这简直是神来之笔，它大大提高了欧盟国家在国际上的经济地位，欧元甚至对欧盟在国际中的政治地位产生了重要影响。”

罗伯特·蒙代尔导师坏笑道：“各位应该知道我为什么投资欧元，作为规模较大的货币，欧元的风险肯定比多数小规模货币小很多，其实，欧元对你们中国的影响也很大呀！”

“啊？欧元跟我们有什么关系啊？”一个女生不由得脱口而出，随即不好意思地笑了笑。

罗伯特·蒙代尔导师认真地说道：“在这个全球经济一体化的时代，欧盟当然对中国有不小的影响啦。从历史进程看，随着欧元的推出，欧盟国家对中国的投资也会稳定增加。中国一直处于高速发展的时期，这需要大量的资金，也需要相对稳定的外部投资呀。”

那个女学生恍然大悟地点了点头，罗伯特·蒙代尔导师接着说："欧元把欧盟建立成一个统一、有效、成熟、流动性好的资本市场，这也有利于中国筹措资金，发行欧洲债券。据我所知，仅 1996 年，欧盟国家就在中国投资了 48 亿美元。"

王一立马点了点头表示同意，他记得专业课导师说过，中国是 1997 年东南亚金融危机中，唯一一个实现持续高增长低通胀的国家。这也跟欧元在我国的投资密不可分。

"欧元对中国的影响还不止这些呢！"罗伯特·蒙代尔导师继续说道，"虽然现在欧元在中国外汇储备中的比重已经足够支付，但考虑到欧元的保值和增值因素，中国的外汇储备结构也需要做出调整哦！因为欧元具有长远优势！"

罗伯特·蒙代尔导师颇为自得地说道："所以，我把获得的诺贝尔奖金，大部分都买了欧元，这也是我眼光长远之处呀。"

王一不由得有些佩服这位自恋的罗伯特·蒙代尔导师了，他好像丝毫不具备中国传统的谦虚美德，动不动就要自夸一番。

罗伯特·蒙代尔导师悠然自得地说道："还不止如此呢，欧元把欧盟绑在了一起，欧盟需要中国的劳动力和产品，而中国又需要欧盟国家的技术，二者形成了强烈的互补性。欧元也使得欧盟和中国在合作的时候更加便利！"

罗伯特·蒙代尔导师说道："早在 2002 年，欧元就全面取代了欧盟各国的货币，进出口贸易统一按欧元结算。欧盟国家能省下 280 亿美元的汇兑费，提高商品竞争力。而中国的外贸企业，也能省掉不同币种之间的汇兑和风险，节约成本。虽然英国在 2020 年 1 月 24 日'脱欧'——这真是令人遗憾——不过，欧元与欧盟的历史作用还是不应该被忽视的。"

大家恍然大悟，原来欧元对消费竟然有这么多好处！

蒙代尔导师微笑地看着大家，然后有些遗憾地说道：“好了，各位，今天的课程就到这里了，有机会我们再见！晚安！”

礼堂里立刻爆发出热烈的掌声，送别这位可爱睿智的经济学家。

第十二章
萨缪尔森导师主讲“社会分配”

本章通过四个小节，讲解了保罗·萨缪尔森的“社会分配”内容。萨缪尔森是当代凯恩斯主义的集大成者，经济学的最后一个通才。他首次将数学分析方法引入经济学，帮助在经济困境中上台的肯尼迪政府制定了著名的“肯尼迪减税方案”，并且写出了一部被数百万大学生奉为经典的教科书《经济学》。为了帮助读者更好地理解萨缪尔森的“社会分配”理念，作者用幽默诙谐的文字将他的观点呈现给读者，感兴趣的读者不容错过。

保罗·A. 萨缪尔森

（Paul A. Samuelson，1915 年 5 月 15 日—2009 年 12 月 13 日），1935 年毕业于芝加哥大学，随后获得哈佛大学的硕士学位和博士学位，并一直在麻省理工学院任经济学教授，是麻省理工学院研究生部的创始人。

萨缪尔森的经典著作《经济学》以 40 多种语言在全球销售超过 400 万册，成为全世界最畅销的经济学教科书，影响了一代又一代人。他于 1947 年成为约翰·贝茨·克拉克奖的首位获得者，1970 年，55 岁的萨缪尔森成为第一个获得诺贝尔经济学奖的美国人。

第一节　税收对人民生活的影响

伴随着对周六的期待，王一走进了礼堂的大门。

12 点钟声敲响，女生们的讨论立马停止了，大家都伸长了脖子盯着讲台，期盼导师闪亮登场。

在一片烟雾中，一个身影缓缓出现了。“啊！我的天！”大家发出了惊呼，但并不是惊喜，而是惊讶。因为从烟雾中缓缓走来一位老人！

老人有一张国字脸，鼻子很大，架着一副大框眼镜，他穿了一身笔挺的西服，并且配了一个可爱的红领结，有点像老年版的名侦探柯南。然而，笔挺的西装并没有让他的步伐变得矫健。

老人缓缓地开了口：“各位晚上好，我是今天的导师保罗·萨缪尔森。”

大家对萨缪尔森导师报以热烈的掌声。

萨缪尔森导师笑着说：“大家都知道，国家若想发展，税收是必然会出现的方式。因为税收不但是国家经济的命脉，也是国家发展的支柱。税收是国家为实现其职能，凭借其政治权力颁布法律、法令，征收税款。”

“当然，税收对国家经济有很重要的调节作用，”萨缪尔森导师讲解说，“主要表现在国家的宏观调控方面，及对个人收入的调节。毕竟，税收在‘用之于民’方面最重要的体现就是公共服务嘛。”

大家都点了点头。

萨缪尔森导师介绍道：“税款原就是取之于民，用之于民的。如果每个人都能自觉缴纳税款，税款能给人们带来回报。在各位的日常生活中，想必也能随时感受到税收带来的便利。比如公园、学校、马路，包括马路边的一排排路灯等，这些公共设施基本上都是用税收建成的。”（如图 12-1 所示）

图 12-1　税收为人们带来的便利

“如果您不说，我还真没觉得税收的用处这么大，毕竟现在偷税漏税的新闻屡见不鲜。哎，一想到以后的生活中没有路灯，没有公园，我就觉得税收对国民经济真的很重要了。”有人说。

萨缪尔森导师笑着说道：“是啊，就像中国政府号召的那样，纳税是每个公民应尽的义务，每位纳税人都应该为自己缴税感到自豪，因为税收直接与国家建设挂钩。”

学生们都表示赞同，王一也认为税收很必要。毕竟税收就是让国民为国家经济多做贡献，把中国建设成一个更加富强的国家。

萨缪尔森导师的话让王一想到了很多例子：2008年湖南的特大雪灾及汶川大地震的救助和重建，奥运会的主办，“次贷危机”的抵御，航天火箭的磅礴发射，青藏铁路上火车的飞驰，三峡水利工程的完成……

这些都是建立在公民纳税基础上的，可以说，这里有每个纳税者的功劳。如果没有税收，这一切的一切，都只能说说而已了。

其他学生也被萨缪尔森导师的话深深打动了，是啊，自己以前都没有发现，原来税收给老百姓带来了这么多好处。

国家为义务教育阶段的中小学生免除了学杂费。税收能让贫苦家庭少交些钱，减轻家庭负担。后来，随着人们逐渐意识到纳税的好处，纳税的人也变得越来越多。

萨缪尔森导师说道：“税收不仅能用在教育上，还可以用在城市的维护建设与科技研究上，税收能让政府修铁路、建大桥、开发土地、绿化家园等，这些都是税收给老百姓带来的益处。”

是啊，王一连连点头，税收还能支持有机果蔬的研究，使人们吃上更安全的蔬菜和水果，像这样的例子真是数不胜数。

“税收的本意是‘取之于民，用之于民’的，所以，税收应该只服从于国家维护社会秩序、保障经济发展的目标。如果税收部门不考虑人民的需求，只考虑自己的利益，那税收就会变成人民的负担，也失去它原本的意义了。”萨缪尔森导师犀利地说道。

在萨缪尔森导师看来，对税负最有发言权的无疑是广大纳税人，至于财政部门的专家们还是不应该过多参与。

萨缪尔森导师摊手道：“把那些减税的想法，切实有效地落实到财政税收政策上，减轻企业和个人的负担，这样才能让投资和就业增加，让经济走出低谷，回到健康的发展轨道上来！”

萨缪尔森导师似乎深有体会地说道：“现实中的税负，那些在金融危机中备受打击、生存艰难的中小企业已经吃不消了，而这些中小企业，正是创造产值和就业，推动经济增长的‘生力军’啊！”

王一和其他学生看到萨缪尔森导师无奈的表情，纷纷猜测他是不是开过公司，所以感触良多。

萨缪尔森导师似乎看透了大家的心思，赶紧澄清道：“在下可并非什么财迷啊！就像我之前说的那样，税收还是好处多多的，但要酌情度量！”

萨缪尔森导师双眼放光地说道：“宏观税负是指国家政府总收入占国民生产总值的比率。既然说是税负，那自然是指全体纳税人的总负担，也就是由政府征收的，由纳税人承担的费用总和，这可是一笔不小的钱啊！

当然，就像在下说的，如果税负过高，就会影响企业正常发展，也不利于企业持续经营，政府的利益也会受到破坏。所以啊，政府就该把税负控制在一个合理的水平上，这也是一个国家稳定发展的必要手段。”萨缪尔森导师笑着说。（如图 12-2 所示）

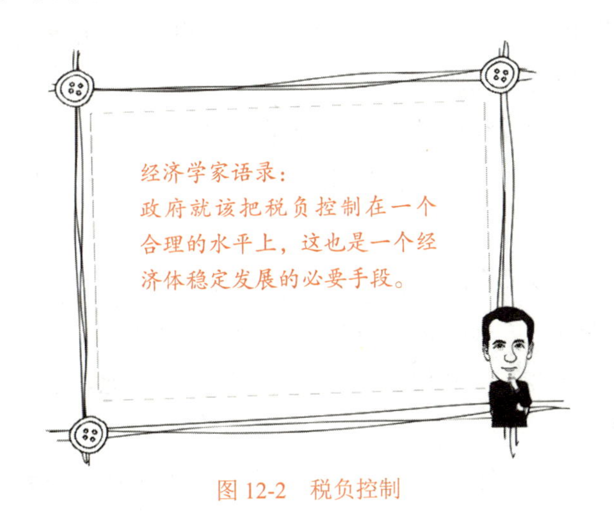

图 12-2　税负控制

等大家记得差不多了，萨缪尔森导师又抛出了一个问题：“各位，你们知道工资来源于哪里吗？”

第二节　工资来自社会财富分配

学生们听这个问题都有些不屑一顾：“还用问吗？当然是来自老板手里啊！”萨缪尔森导师模仿着学生们的语气，不屑一顾地问：“那老板的钱来自哪里啊？”学生们有点蒙了。

有一个胆大的男生喊道：“来自大老板手里！”大家都笑了。萨缪尔森导师对学生们做了个鬼脸，接着问：“那大老板的钱从哪儿来啊？”

几个女生窃窃私语道：“从银行里来。”萨缪尔森导师没有追究她们的无礼，而是继续问道：“银行的钱又从哪里来？你们可别跟我说是印出来的！”

大家都笑了，王一暗暗吐槽道：我刚想说是印出来的，看来萨缪尔森导师还挺懂套路。

萨缪尔森导师摆摆手，无奈地说：“我先给各位讲一下什么是财富吧。怎么说呢？财富就是我们可以使用的物品，比如粮食、衣服、汽车、飞机、道路等都是财富。”

有学生较真道：“导师，空气跟水是财富吗？”萨缪尔森导师不屑地说：“我还没说完呢，这些被称之为财富的物品，必须具备‘购买力’，如果你必须要靠买空气才能呼吸，那空气可以叫作财富。”

这位学生不好意思地挠了挠头。萨缪尔森导师继续讲道：“那么财富用什么来衡量呢？国家的财富是用 GDP 来衡量的，就是一年所创造的上面所说的粮食、衣服、汽车、飞机、道路等，综合加起来就形成了 GDP。”

王一听专业课导师讲过，粮食和矿产属于初级财富；汽车、飞机、道路等属于高级财富；再高级一些的财富就是卫星、航天设备等。

萨缪尔森导师耸了耸肩，说道：“这样，各位就明白了财富的概念。请各位竖起耳朵听好，下面我要讲财富的分配了！”

萨缪尔森导师得意地说：“我先给各位讲个鲁滨孙漂流的故事吧！大家一定要仔细听啊，我这个版本跟原著可不一样！

某天，鲁滨孙流落荒岛，恰好在海盗船里捡了 40 枚金币，于是对仆人星期五说：我们来建设荒岛吧！然后二人平分了 40 枚金币。

总结：鲁滨孙的金币是 20 枚，星期五的金币也是 20 枚，总财富没有变化，还是 40 枚。

第二天一早，鲁滨孙饿了，于是花了 5 枚金币让星期五给他烤条鱼吃。吃完烤鱼，星期五想听鲁滨孙讲故事了，鲁滨孙说：听我讲故事要 5 枚金币。于是星期五乖乖地付了 5 枚金币。

总结：鲁滨孙的金币是 20 枚，星期五的金币也是 20 枚，依旧没有创造财富。

第三天，鲁滨孙打算造房子，星期五说他要买。鲁滨孙说：房子要 25 枚金币，于是星期五写了张借条，从鲁滨孙手里借走了 5 枚金币，并约定一周后，还给鲁滨孙连本带利 10 枚金币。

注意！这时候，金融市场就诞生了！”萨缪尔森导师强调了一句，然后接着讲这个故事。

总结：鲁滨孙获得了 40 枚金币，还有一张价值 10 枚金币的欠条。星期五0枚金币，总财富有50枚金币，二人创造了大约价值10枚金币的财富。但是一周后，星期五没办法偿还10枚金币，荒岛经济危机爆发。

“这时候，荒岛必将出现3种情况！”萨缪尔森导师斩钉截铁地讲道。

第一种情况：鲁滨孙说：算了，你给我烤两次鱼，咱俩的账就一笔勾销。于是星期五烤了两次鱼抵债。鲁滨孙还有40枚金币和星期五的两次烤鱼，总财富等于50枚金币。

第二种情况：鲁滨孙急眼了，说：不行！没钱就要你偿命！于是借条变成了废纸。鲁滨孙只有40枚金币，星期五死亡，总财富是40枚金币。

第三种情况：星期五拼命在荒岛上找金币，意外发现了另一艘海盗船，找到了别人留下的10枚金币还给鲁滨孙。于是鲁滨孙有50枚金币，星期五亏了10枚金币，总财富等于40枚金币。

星期五在第三种情况中的举措被称为债务货币化，这是解决经济危机的重要手段。”萨缪尔森导师总结道，“由此可见，荒岛上新的财富来源于两个途径：直接获得金币；创造金币的替代品，也就是借条。”

萨缪尔森导师拍了拍手，说道：“从需求看，财富就是物品和服务，其本质就是人的欲望！而工资，就是无数次的财富分配！”（如图12-3所示）

图 12-3 分配公义

萨缪尔森导师接着说："我再拿你们中国的本土故事人物讲吧，就比如黄世仁和杨白劳！"

大家睁大了眼睛，竖起了耳朵，这洋人还知道黄世仁和杨白劳呢！

萨缪尔森导师接着说道："因为杨白劳太穷了，所以政府收了黄世仁一些钱，来补给杨白劳。这就是收富人以重税，再拿税款补贴穷人，也就是福利制度。"

大家纷纷点头，萨缪尔森导师继续讲道：

"杨白劳穷啊，所以他的收入肯定在贫困线以下，假如贫困线是 1000 元，而杨白劳只能挣 20 元，那政府要给他补 980 元，让他不会饿死。而黄世仁属于高收入阶层，能赚 100 万元，但是需要交 40 万元的税。这就是典型的财富分配。"

这让王一想到了中国在改革开放的时候只能通过先富带后富

的方式，将社会财富分配到一些城市。等这些城市富裕起来后，再逐渐往西部发展，将财富分配到其他地区。

萨缪尔森导师有些狡黠地笑着说："现在西方社会的财富分配还是'金字塔'结构的，越接近顶端就可以分配到越多的财富，所以人们想到的便是努力让自己在'金字塔'上的位置更高。"

大家都被萨缪尔森导师逗得前仰后合，但是萨缪尔森导师说的似乎又很有道理，让人无法反驳。

萨缪尔森导师接着说："所有人类的活动都跟经济挂钩——说白了，政治就是分钱，战争就是抢钱，理财就是生钱，人类所有活动都是围绕财富的分配，也就是分钱进行的。这回大家都明白工资是哪里来的了吧？！"

学生们纷纷点头，萨缪尔森导师神秘一笑："那，我就又要发问啦。请问各位，毕业后都打算去做些什么呀？"

第三节　求职难与用工荒的悖论

这个问题让大家都傻了眼，这算什么经济学问题呀？

可是，保罗·萨缪尔森导师却说道："各位现在还是大学生，不懂社会的艰辛呀，年轻人总要提前为自己的未来规划思考嘛。"

这时，一个女生举手说道："保罗·萨缪尔森导师，我是一名大四的学生，在很多地方都投了实习简历。在投简历之前，我觉得以我的学历和能力，肯定有很多企业要我——因为各类求职和招聘类信息简直让我看花眼！而且光是本地就有数不清的求职岗位！可是，我的简历投出去就像石头沉进了大海里，不光是我，我身边的很多同学都找不到实习的地方，这到底是怎么回事啊？”（如图 12-4 所示）

图 12-4 求职难与用工荒

保罗·萨缪尔森导师笑着摆摆手：“其实，出现这种情况的原因很简单。我给各位提几个问题，大家就知道出现这种经济学现象的原因了。”

保罗·萨缪尔森导师笑着说道：“想想你身边有没有上技校的同学，他们是不是很快就找到了工作？”

大家立刻点了点头。

“是啊，我有个学汽修的朋友，人家技校还没毕业，就已经跟好几家汽修厂联系了，现在已经是高级汽修工了。”“哎，还说呢，我有个学厨师的同学，人家在三线城市的月薪都超过 1 万元了。”

在保罗·萨缪尔森导师的引导下，大家你一言我一语地吐槽起来。

等大家讨论差不多了，保罗·萨缪尔森导师微微一笑，又抛出一个犀利的问题："好，我再问问投简历失败的朋友们，你们收到的反馈中，企业方都给的什么理由？"

一些大四的学长们一听这个问题，立刻叫苦连天：

"人家说，想要一上来就能干活的，不想花时间培养我们。""人家说大学生除了书本知识外，毫无社会经验。""大部分公司都懒得给我回函！"

一个学长愤然道："萨缪尔森导师，您说国家培养我这么个大学生容易吗？我家里花着钱，花着时间，让我从寒冬读到酷暑，好不容易上了大学，结果毕业后，人家点名不要大学生，那我读这个大学干什么？"

"是啊是啊！"学长的话引来大家的共鸣。

可是，保罗·萨缪尔森导师却摇了摇头，道："你自己也说了，国家和你的家人培养你不容易，所以大学毕业后，你肯定想找一份好工作。可是，顶尖的企业竞争激烈——恕我直言——以你的能力目前很难进去，而普通企业又想花更少的钱，招聘更专业的人才。这里的专业人才是技术专业人才，而非理论专业人才，你能听明白吗？"

学长摇了摇头，王一却有些听明白了："您的意思是说，大学生因为前期付出多，所以在选择工作时容易'高不成低不就'，企业与其花成本培养大学生，不如直接招聘技校生？"

"不错，"保罗·萨缪尔森导师表扬道，"可是，随着国民教育意识的加深，国家和家庭都想让孩子'上个好学校'。什么是'好学校'呢？在绝大部分中国人的眼里，双一流才是好学校。

连普通本科都不能算好，更别提技校了。所以，有些本可以上技校的孩子会被家里要求复读，直到考上本科为止。这就造成技校生的减少。所以，现在出现了大学生求职难、企业用工荒。归根结底，这种现象就是国家在公共服务方面的分配还需要完善。”

大家都恍然大悟。王一暗想道：“确实，企业不想找大学生，是因为大部分大学生只会背书，而没有实践经验。可有实践经验的技校生却因为人才培养的结构性问题大大减少，怪不得现在年轻人找不到工作，企业也招不到好员工呢。”

一位女学生有些担忧地说道：“那我们该如何改变这种情况呢？”

保罗·萨缪尔森导师说：“很简单，人才培养结构性问题原本就属于经济学公共服务范畴。贵国在建设教育资源、构建教育体系时，其实就是社会资源通过教育渠道向全社会普及的一个过程。要想解决这个问题，就要从公共服务中教育的部分着手，将教育投资的比例多分一些给职业教育，同时针对职业教育实施一系列优待政策，培养职业教育人才，培养职业技术人才，这样就可以解决企业用工荒的问题了。”

王一点了点头，不错，从源头抓起才能真正解决问题。

萨缪尔森导师笑着说道：“其实我还蛮喜欢你们的高考制度，因为高考给了普通人一个上升的通道，它是现行社会中难得的相对公平的制度，这种制度也是国家通过社会重新分配来消除社会壁垒的方式。”

保罗·萨缪尔森导师喝了口咖啡，继续说道：“至于解决求职难的问题，其实也跟解决用工荒差不多。国家在高等教育方面要加强实践活动的比例，不能让大学生们只局限于书本理论知识。你们国家不是很喜欢一句话，叫‘实践是检验真理的唯一标准’，大学生也要多一些实践才行啊。”

“可是，我们要如何增加实践呢？”一位女生弱弱地问道。

“这个就要看国家在公共服务方面的投入了。”保罗·萨缪尔森导师说道，“在我看来，最好的办法就是政府号召高校与当地一些企业结成对子，大四的时候，学生们可以去这些企业实习，这也是为大家能够更好地适应社会做准备。”

“您的提议真不错！如果真能这样，我们也不用为找工作发愁了！”刚才发言的学长一脸心驰神往。

保罗·萨缪尔森导师笑眯眯地说道：“其实，现在有不少高校就是这么做的。对了，各位，如果大家要找工作，是喜欢找国企还是私企啊？”

第四节　国企应该退出历史舞台?

萨缪尔森导师的问题一抛出，大家都嚷嚷起来。

“当然去国企了！”

“谁说的？国企早不是‘铁饭碗’了，我肯定去私企！”

“就算国企不是‘铁饭碗’，那我也想去国企！”

等大家讨论的差不多了，萨缪尔森导师这才总结道：“看来，很多人还是青睐国有企业呀。不过，也有一部分同学觉得私企更好。

“那么，各位觉得，当今市场应该是‘国进民退’，还是‘民进国退’呢？”萨缪尔森导师笑眯眯地说道，“噢，对了！补充一点，这里的国企，指的是那些体制僵化，不思进取，只会拖国家后腿的国有企业哦！目前，中国很多国有企业还是办的相当出色的，希望大家不要曲解我的意思！”说完，萨缪尔森导师调皮地眨了眨眼睛。

萨缪尔森导师的问题一抛出，一位男生便不假思索道：“当然应该是国退民进！那些‘吃大锅饭’的国企，早就应该退出历史舞台了！”

萨缪尔森导师挥了挥手，说道：“各位，在讲述这个问题之前，我先给大家讲讲自己的经历。”

萨缪尔森导师笑着说：“20 年前，我在加拿大的一家国企银行存了 1 万加元，银行说每年给我 20 个点的利息。前两天我去取钱的时候，本应该拿到 5 万多加元，但银行却拒绝了我。他们的理由是这个利息过高，不符合规定，这简直就是‘高息揽储’的骗局。我去质问他们，你们猜加拿大国企银行的员工怎么说？”

大家纷纷摇头，但看萨缪尔森导师的表情，也知道他们没说什么好话。萨缪尔森导师无奈地说道：“他们竟然说：银行当年已经错了一次，如今不能再错第二次。这种理由简直就是强词夺理。既然这样，为什么当年就不知道规范金融秩序呢？非等我多年后来取钱的时候才告知我？”

学生们听完萨缪尔森导师的遭遇，也纷纷表示心疼。萨缪尔森导师也没办法，虽然他是著名的经济学家。

一位男生突然说道：“看来，这些企业应该退出历史舞台！而且，它们还垄断了石油，这根本不利于市场发展！”

“噢，孩子，你先不要着急下结论。其实，石油产业、石化产业被国有企业垄断还是挺正常的。”萨缪尔森导师说道，“我的国家加拿大也是如此，加拿大的石油产量可是很高的，但石油也是被国企垄断的。”

“可是，按照您之前的说法，让国企参与市场不是不公平吗？国家经营企业，就相当于一个人既当裁判员，又是运动员，这对其他运动员公平吗？”一位女生说道。（如图 12-5 所示）

图 12-5 “起跑线”

“你这个比喻我倒是很喜欢，”萨缪尔森导师笑着说道，“不过，有些国家命脉资源，还是应该握在国家手里的。”萨缪尔森导师严肃地说道，“比如能源资源行业，这是涉及国家战略发展的，所以必须由国家来控制。除此之外，一些基础性、环保性的行业也需要交由国家培养和扶持。”

“照您这么说，国企不应该退出市场了？”一位扎双马尾的女生问道。

萨缪尔森导师摇了摇头：“不，孩子，从经济学的角度看，国企确实应该退出市场。但是，不管哪种经济体制下，国家都需要建立一些企业去做其他公司做不了或不愿意做的事情。比如大型基础研发项目就需要由国企完成，核心的军工企业也必须由国企来做。当然，如果有哪个私营企业有这个实力生产军工，国家也可以把一部分产品外包给这些企业嘛。”

“噢，我明白了，”王一恍然大悟道，“国企其实并不应该退出历史舞台，它只是应该在某些领域退出。但一些命脉企业握在国家手里更放心。”

萨缪尔森导师点了点头，道：“可能有些经济学家觉得，企业是国有或私有关系不大，但我要说根本不是。国企和私企从一出生，起点就不平等：因为国有企业的股东是国家，这就让国有企业在法律面前更有优越感。”萨缪尔森导师说道，“但如果一个国家的大企业全部采用国有制，长此以往，即使是法治社会也会慢慢腐蚀蜕变！因此，国企是时候退出部分领域的历史舞台了。不过，就像刚才这位同学说的那样，国企还是有其存在的必要性的，一些国家命脉资源，还是握在国家手里更让人放心。”

“对了，各位知道国企是如何参与社会分配的吗？”萨缪尔森导师笑着问道。

一个女生想了想，说道：“就是靠税收呗。”

“嗯，你说得对，也不对。”萨缪尔森导师说道，“首先，我们要明确一点，那就是国企是直接创造利益给国家的，这种利润可以通过国家收入和政策支出来进行直接分配。而私企的利润是自己的，它只是缴给国家一部分税，国家再通过各种方式进行分配。而且，有一些不赚钱的领域我们只能依靠国企完成，比如自来水、公交等。所以，国企参与社会分配不仅仅是利润直接参与，还是社会资源在整个社会中的调配，这类社会资源包括人工资源，也包括天然资源。”

“噢，我们明白了，”同学们纷纷点头，“唉，之前是我们太偏激了。看来，国企确实不应该退出历史舞台啊，国家经济还需要国企参与进行社会分配呢！”

“是啊，说得不错。”萨缪尔森导师搓了搓手，然后对台下鞠了一躬：“各位，跟大家在一起真的很愉快，但愉快的时光总是格外短暂。”

大家都有些依依不舍，萨缪尔森导师对台下眨眨眼，狡黠地说：“大家不要难过，下节课的导师是位很有魅力的导师哦！你们一定会喜欢他的！”

就这样，学生们带着憧憬和不舍，用热烈的掌声送别了萨缪尔森导师。

第十三章

弗里德曼导师主讲“货币”

本章通过四个小节，讲解了米尔顿·弗里德曼的货币内容。米尔顿·弗里德曼的政治哲学强调自由市场经济的优点，并反对政府的干预。他的理论成了自由意志主义的主要经济根据之一，并且对20世纪80年代开始美国以及许多其他国家的经济政策都有极大影响。弗里德曼对货币经济有深刻研究，为了帮助读者更好地理解这一理念，作者将弗里德曼的观点熟练掌握后，又以幽默诙谐的文字呈现给读者。

米尔顿·弗里德曼

（Milton Friedman，1912年7月31日—2006年11月16日），美国当代经济学家、芝加哥大学教授、芝加哥经济学派代表人物之一，货币学派代表人物。以研究宏观经济学、微观经济学、经济史、统计学及主张自由放任资本主义而闻名。

1976年获诺贝尔经济学奖，以表扬他在消费分析、货币供应理论及历史和稳定政策复杂性等范畴的贡献。有趣的是，弗里德曼是另一位芝加哥经济学派代表人物、法律经济学奠基人亚伦·戴雷科特的妹夫。其著作《资本主义与自由》于1962年出版，提倡将政府的角色最小化以让自由市场运作，以此维持政治和社会自由。

第一节 金银天然不是货币

坐在座位上，王一想：今天晚上又会是哪位导师带来精彩一课呢？

当学生们在礼堂坐定后，一个头发花白但步伐矫健的老头子快步走上了讲台。他长得有点像某位电影明星，这番精神矍铄的样子，让学生们也不由得精神起来。

这位导师欢快地说："晚上好啊中国的学生们，我是各位今夜的经济学导师米尔顿·弗里德曼！"

王一听见有些女同学议论说："弗里德曼导师年轻时一定是个帅哥。"他不由得暗暗不屑：只有讲得好，那才是真的好！

"我要给各位讲一讲有关货币的知识。"弗里德曼导师笑眯眯地说，"货币呀，同学们，这应该是人人都爱的东西吧？"

大家都露出了心照不宣的表情，彼此相视一笑。王一也不由佩服，他心里暗想：弗里德曼导师还真是，一下就抓住了大家的喜好。

弗里德曼导师欢快地说："各位应该都知道，在中国汉字中，货币的'货'字，下面是一个贝，这说明什么？说明人类最早的货币是贝壳。"

王一看到有些同学露出惊讶的表情，自己也有些不解。是啊，贝壳又脆又不好保存，怎么能当钱呢？

弗里德曼导师仿佛猜到了大家的心思，接着说道："原始社会是一个物物交换的时代，原始人会拿自己的物品交换所需要的物资。比如一头羊能交换一把石斧，或者一头牛交换两只羊等。当然，不是每一家都养羊的。”

弗里德曼导师笑着说道：“没有羊，或者对方不需要羊怎么办呢？原始人只能找一种大家都能接受的物品作为交换媒介。于是，贝壳、石头、金银等物开始逐渐演化成货币。”

这时，一位女生高高地举起手来，示意自己有问题要问，弗里德曼导师似乎有些意犹未尽，但他还是请这位同学站起来发言。女生问道：“请问导师，如果石头是货币，那原始人就可以满大街捡钱啦？”

学生们都笑了起来，弗里德曼导师也笑了，他说：“是呀，你想明白的问题，原始人同样也能想明白。所以金属货币开始出现，完全取代了贝壳和石头，这也是我接下来要重点讲解的内容。”

弗里德曼导师示意女生坐下，然后接着讲道：“经过长年的自然淘汰，人类开始用金属取代贝壳和石头。因为金属货币需要人工制造，无法直接从自然界获取，同时还能长期保存，这使得数量较少的金、银、铜逐渐成为货币。某些国家甚至还使用过铁币。”

弗里德曼导师顿了顿，笑着说道：“你们的马克思导师曾经说过，金银天然不是货币，货币天然是金银。这句话各位都听过吗？”

有些同学立马表示听过这句话，但大部分同学一脸茫然。确实，马克思导师主要讲的是剩余价值，他几乎没有涉及货币这个内容。

弗里德曼导师笑眯眯地说：“没关系，关于‘金银天然不是货币’这句话，我来给各位详细解释一下原因。”

“首先我们来看金银的好处。”弗里德曼导师说道，“大家应该都知道‘真金不怕火炼’这句话吧？金银耐高温，而且是贵金属，种类稀少，耐腐蚀，易分割，不生锈。所以各个国家都愿意选择金银作为货币。”

大家纷纷点头，看来金银作为货币是市场自然选择的结果，所以更容易充当价值尺度、交换媒介和保值手段。（如图 13-1 所示）

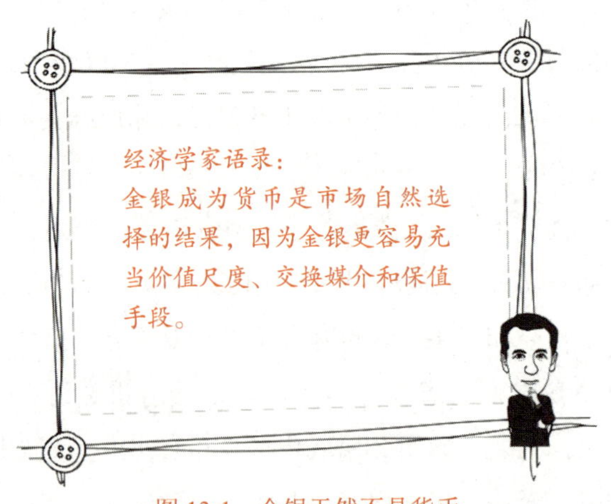

图 13-1　金银天然不是货币

弗里德曼导师接着讲道：“最初的金币在标明价值时，与其本身的重量所值是一致的。我不清楚中国是否有过金币，但金元宝和碎银子是有的。它们与银元和铜板一起，都能作为货币使用。这些金属本身就有其价值含量。因此金银本身是有价值的，大家同意我的话吗？”

学生们纷纷点头表示同意。弗里德曼导师满意地笑了笑：

“然而，由于金银稀少且沉重，它们越来越不能满足流通的需要。此外，金属货币磨损严重，自从金银作为货币开始流通以来，至少在铸币厂或人们的手中和口袋中磨损掉了两万吨。于是，方便快捷的纸币应运而生。”

王一点点头，他在历史课上学过，世界上最早的纸币是宋朝的“交子”，出现在中国的四川地区。

弗里德曼导师慢悠悠地抛出一个问题：“各位想想，纸币本身有价值吗？”

“有吧。”一个男生说道，大家纷纷点头。

弗里德曼导师一脸得意地说：“哈哈，错了吧！纸币是什么？就是金银的替代品啊。这么跟大家说吧，纸币就是一种符号，所以纸币本身是不存在价值的！”

王一点头表示听明白了，加上弗里德曼导师前面说的，黄金具有绝对可靠性，所以纸币的信用要用黄金的储备量来担保。也就是说，货币量要和黄金储备量一致，纸币只不过是黄金的标志罢了。

弗里德曼导师接着说：“为什么说货币天然是金银呢？其实从货币的起源方面，就能很好地理解这个问题。它就是充当金银的一般等价物！说白了，货币一生出来，就被当作金银看待。所以货币天然是金银。”（如图 13-2 所示）

图 13-2　纸币代替品

“而金银天然不是货币，这句话就更容易理解了。”弗里德曼导师笑着说，“金和银属于矿物，它们怎么会天然是货币呢？它们天然是矿物，而不是货币。”

看到大家恍然大悟的样子，弗里德曼导师也很满意。但他立即换上了严肃的语气：“如果发现一个大金矿，无疑是件高兴事儿，可如果货币发行量过大，可就变成大灾难了。”

大家一听纷纷咋舌，什么？货币发多了有这么严重？该不是危言耸听吧？

弗里德曼导师摇头晃脑地说：“怎么大家都不信？好吧，那我就给各位讲讲货币超发的严重性！”

第二节　货币超发的严重性

大家都被弗里德曼导师吓了一跳，王一听见一个男生嘟哝道：“货币发多了，那就多花点儿呗，有什么严重的……”

“哎！这位同学说得很好。”弗里德曼导师竟然给他鼓了鼓掌，“货币多发了，就会让人们多花钱，钱多了就不值钱了，所以超发的后果就是通货膨胀，通货膨胀就像是货币的杀手，会在你无意识的情况下‘偷走’你的钱！”（如图 13-3 所示）

图 13-3 通货膨胀

弗里德曼导师这一拍手，倒是把那个男生吓了一跳。但仔细想想弗里德曼导师的话，似乎还真是这个道理。

王一知道通货膨胀的严重性，如果流通中的货币数量远远超过实际需要的数量，就会引发货币贬值，然后造成物价水平持续上涨，也造成货币购买力下降。

弗里德曼导师转身在黑板上写下一个公式：$MV=PT$。然后对大家讲道："M 是货币的总量，V 是货币的流通速度，P 是通货膨胀的量度，T 是总交换量。也就是说，如果 P 增长比 T 多，物价水平就上升快，继而产生通货膨胀。"

弗里德曼导师说道："大家可以这么想，假如你有 5 个孩子，你给他们每人每天发 1 张蛋糕券，让他们用券换蛋糕吃。这样一来，每个孩子每天都能吃到 1 块蛋糕，对吗？"

大家纷纷点头。弗里德曼导师接着说："但是，你特别偏爱小儿子，于是偷偷塞给他 2 张券，而其他孩子获得的蛋糕券还是 1 张。问题来了！冰箱里只有 5 块蛋糕。就等于券变多了，蛋糕供不上了，所以蛋糕在孩子中间就涨价了。"（如图 13-4 所示）

图 13-4　货币超发

大家都沉默了，人人脸上都是若有所思的表情。弗里德曼导师趁热打铁道："各位一起分析一下我的比喻。蛋糕真涨价了吗？其实不是，只是购物券不值钱了。我把这个比喻用到现实中，大家就更清楚明白了。"

弗里德曼导师笑眯眯地说："大家都知道，现在不仅是猪肉涨价，就连白菜的价格都噌噌上涨。就拿猪肉来说吧，按现在猪肉的涨价速度，养猪的经营情况应该是很好的，对吗？"

大家都纷纷点头称是，只有一个女生大声说："不对！我家就是养猪的，但我家经营情况现在很不好！”话音刚落，这个女生立马不好意思地低下了头。

弗里德曼导师神采飞扬地说：“看来还是有受害者的呀。没错，养猪的经营状况也堪忧！为什么呢？因为涨上来的钱没有被任何产业链环节赚走，钱到哪儿去了呢？就像我上个比喻中的蛋糕一样，被通货膨胀给稀释掉了！”

在场的学生们都倒吸了一口凉气，原来货币发多了，是两边儿不讨好的事情啊。买方只能买到高价货，同时卖方又赚不到钱，何等凄凉！

弗里德曼导师接着说：“通货膨胀的可怕之处还不止这些呢，因为从纸币贬值，到纸币均匀地分散到整个社会中，这需要相当长的过程。可能花十几年甚至一辈子都涨不回来，因为货币不一定什么时候又超发了。”

王一挠挠头，是啊，如果从无限远的时间看，多印或者少印点儿货币其实没什么关系，但无限远的时间本身就是没有意义的。如果当下不稳定，更别提还有没有以后了。

“过量印刷的纸币从印刷完毕那一刻起就贬值了。”弗里德曼导师无奈地说，“想知道实例的同学，可以去看看津巴布韦是啥情况。”

王一仔细回忆了一下，不由得暗自惊心，因为他想起来一个关于津巴布韦的新闻。

津巴布韦废止了原有的货币，发行了大量的新货币。于是这样的一幕出现了：一个少年拖着满满一衣柜的原津巴布韦币，在街上逛了一圈，只买了一瓶可乐和几个饼，就花光了辛辛苦苦搬来的钱。

弗里德曼导师也举了个实例："20世纪20年代的德国也发生了通货膨胀，而且非常严重。如果1922年年初，物价指数是1的话，那1923年末，物价指数就飙升到100亿了！多么惊人的数字！"

弗里德曼导师无奈地说："这就相当于什么呢？如果一个德国人，在1922年初时，辛辛苦苦地攒了好几年，终于攒够了3亿金马克资产。结果短短两年后，这笔钱连一片口香糖都买不起了。"

"请问导师，德国为什么会出现这种情况啊？"一个女生举手问道。

弗里德曼导师无奈地说："德国是第一次世界大战和第二次世界大战的战败国，各位都知道吧？"大家点点头表示知道。

弗里德曼导师接着说："德国在第一次世界大战中失败后，丧失了1/7的领土，同时失去了1/10的人口。战争让各行各业，尤其是工业产品大量减少。同时，德国还需要支付1320亿金马克的赔款。"

"这就让德国政府不得不靠多发纸币来渡过难关，结果却陷入灾难的深渊。"弗里德曼导师叹了口气，"当时政府投放了巨额纸币，大家可想而知，纸币会迅速贬值，这让德国的各个经济部门和百姓家庭生活都受到了致命打击。"

王一听得连连点头，是啊，通货膨胀对经济影响很大，对战争的影响也很大。

弗里德曼导师痛心道："各位想想，如果某国出现了严重的通货膨胀，而且是在战争时期，人们就可能用本国货币换外币或真金白银，接着——"

弗里德曼导师停顿了一下，然后把问题抛给了学生们："这会导致什么后果呢？”

王一试着想了一下，不由得说道：“如果国家的真金白银和外汇储备量不够老百姓兑换的，不用打仗，该国就会发生内乱，敌人就会乘虚而入，以此消灭该国！”

弗里德曼导师肯定道：“说得没错！现在大家知道通货膨胀的可怕之处了吧？”大家听完连连点头。

“那么，支撑资本家逍遥度日的利润又是怎样产生的呢？”弗里德曼导师话锋一转。

台下的学生们一脸疑惑，其实王一知道，因为他前一阵子刚听了扩大内需重要性的报道。

弗里德曼导师转身在黑板上写了两个大字——“流通”，然后笑盈盈地望着学生们说道：“下面，我就给各位讲解一下利润是如何产生的。”

第三节　流通是怎样产生利润的?

“大家应该都知道，商业利润是商品的销售价格与购买价格之间的差额。”弗里德曼导师说道，“我们不能把商业利润单纯地看成由加价产生的商品，因为这个余额不能构成商业利润的全部，要用一部分来补偿资本家支出的流通费用。”

弗里德曼导师笑道：“为了方便研究，暂时不算补偿纯粹流通费用的部分，假定这个余额的全部构成了商业利润。”

弗里德曼导师指出：“各位今后要在更确切的意义上来使用

生产价格这个名词，生产价格就是指产业部门的生产价格。”

弗里德曼导师转身在黑板上列了一个公式：实际生产价格 = 成本价格 + 产业利润 + 商业利润。然后他接着说道：“或者各位可以这样理解：商品的实际价格 = 商品的生产价格 + 商业利润。”

弗里德曼导师详细解释道：就产业资本家而言，商品的生产价格与其成本价格间的差额，就等于商品的出售价格与购买生产要素价格之间的差额。

“或者就社会总资本而言，利润就是商品的价值，与资本家耗费在商品上的成本价格之间的差额。”

“这个差额又归结为物化在商品中的劳动总量与物化在商品中的有酬劳动量的差额，即在生产过程中形成产业利润。”弗里德曼导师接着说道。

商业资本家则不同，他们的活动范围只限于流通领域，它不能创造价值，只能实现价值。因此，商业利润只能形成于商品购买价格和出售价格的差额，即在购买价格上加价后出售。

“不过，商业利润通过加价而实现的，这只是一种假象。”弗里德曼导师笑着说，“如果把假象当作本质，就会错误地认为商业利润是商品贱买贵卖的结果。各位一定要记住，商业利润不是以单纯加价的方式实现的。”

为此，弗里德曼导师给学生们讲解道：“如果产业资本家是按照商品的生产价值直接卖给商业资本家，那商业资本家就必然按照高于商品生产价格或价值的价格出售，获得商业利润。但这种情形是违反价值规律和生产价格规律的。”

“各部门之间会通过竞争，让利润尽量平均分配。不算商业资本，即假设商品资本没有参加利润的平均化，随着商业资本的出现，它将独立执行资本的职能，也会要求利润化。”

“由于商业资本和产业资本共同参与利润的平均化，这就要揭示商业利润从何而来的秘密。”弗里德曼导师笑着说道。

讲台下的学生们听得云里雾里，不明所以。弗里德曼导师说：“我给各位举个例子，各位就明白商业资本取得商业利润的关键，就在于商业资本参与平均利润率的形成了。”

由于商业资本和产业资本共同参与利润平均化的形成，所以双方都要获得平均利润。这样一来，产业资本家就必然按照低于生产价格的金额，将商品卖给商业资本家。

商业资本家再按照商品的生产价格出售商品，从而获得商业利润。

大家还是听不明白，弗里德曼导师无奈地说：“各位还是需要知道一些经济学原理的，好吧，我再进一步为各位阐述一下。”

弗里德曼导师说道：“不管你赚到多少钱，你都会把赚来的利润想方设法地用于投资，用不同的投资方式赚取高额稳定的利润。”

“所以很多经济学家都说，投资是人生的最后一份职业。很多人问我，这钱究竟是从哪里来的？答案当然是从市场上来。”

大家恍然大悟：有需求就有市场！有市场才有利润！

弗里德曼导师接着说道：“举个例子来说吧，你在10年前买房子只需要10万元，现在卖出去能卖到60万元，你赚了谁的钱？很多人说，是房子升值了，其实并不是这样。试想，如果没人买，房子还会升值吗？所以你赚的50万元是市场的钱。”（如图13-5所示）

图 13-5　房子升值

“钱从市场中来，有买有卖就形成了市场。”弗里德曼导师说道，“大家都知道的京东、淘宝、菜市场和超市等，这里面上万亿元的交易，全都来源于买和卖，是因为有需要，才会产生买和卖。有买卖才有市场，买、卖就是市场中的循环。”

大家都笑了，想不到弗里德曼导师还知道中国的京东和淘宝，简直太时尚了！

弗里德曼导师温和地说道：“我再问各位一个关于流通的问题：人人不亏钱，个个是赢家，钱是哪里来的？”

大家纷纷陷入思考中，王一想了想，说道：“从市场的买卖中来。”

弗里德曼导师赞许地给王一鼓了鼓掌，王一颇有些不好意思地笑了。

弗里德曼导师讲道：“人们将钱按 5% 的利息存进了银行，银行按 10% 贷给了开发商，开发商买地建楼，再把房子卖给老百姓。请问各位，房子是用谁的钱建的？”

大家都思索起来：在整个过程中，银行在赚钱，开发商在赚钱，他们都有大把的钱吃喝玩乐，用的应该都是老百姓的钱呀！

弗里德曼导师及时做了总结："因为是开发商用老百姓的钱做了流通，所以他们能让钱越赚越多。这种现象说明了什么呢？说明钱不应该放在家里。钱是工具，应该拿出来放在市场上，用了的钱才叫钱，不用的钱叫纸。"

大家都被弗里德曼导师的幽默逗笑了，弗里德曼导师也笑着说："各位，如果你在 20 年前把 1 万元锁在你家柜子里，就算你是当时的富翁，到现在你也只是个普通老百姓，各位同意这个说法吗？"

大家纷纷表示赞同，弗里德曼导师接着说："当你遇到一个好生意时，你就会跟朋友借钱，说：把钱借我周转一下。当你周转完了，把钱一分不少地还给了朋友，朋友一分钱没少，但你赚到钱了。"

弗里德曼导师总结道："所以，钱是在流通过程中创造价值，产生利润的。"

弗里德曼导师温和地问道："大家都知道利润是怎么产生的了吗？"众人纷纷点头，只有流通才能赚到钱。

"那么，各位，货币升值是件好事吗？"

第四节　货币升值是好事吗？

弗里德曼导师此言一出，大家都给出了肯定的答案："好啊！升值还不好吗？"弗里德曼导师无奈地耸耸肩："各位，大家一定要动脑子啊。”

很多学生都不好意思地笑了。弗里德曼导师接着说：“我记得大家都是学过马克思主义哲学的，马克思导师的辩证法告诉我们，凡事都要从正反两方面看呀。”

大家都一脸恍然大悟，原来货币升值这件事，有好的一面也有不好的一面。

弗里德曼导师笑着说：“为了贴近各位的生活，便于理解，我们就拿人民币做例子吧。”

王一不由得挺直了腰板，他就喜欢听有关钱的知识。

弗里德曼导师笑眯眯地说：“各位，人民币如果升值了，就意味着它的购买力强了。也就是说，我拿人民币就能在国外购买更多的商品，各位琢磨一下，我说得对吗？”大家纷纷点头。

弗里德曼导师看到学生们都点了头，满意地说：“这就对了，所以，人民币升值更有利于中国进口，有利于中国用更低的价格把商品买进来。”（如图13-6所示）

图13-6　货币升值有利于进口

大家恍然大悟，弗里德曼导师接着说："此外，人民币升值还有不少好处，比如那些需要依赖国外厂商的原材料，进口成本就会下降；国内企业对外国厂商的投资能力也会增强。同样的，那些在中国建厂的外国商人也会盈利。"

大家一听，人民币升值的好处还真不少。弗里德曼导师笑眯眯地说："当然还不止这些，人民币升值了，中国的人才就可以用较少的花销到国外进行培训和学习，此外，中国政府也更容易偿还外债。"

"各位可以看到，人民币升值了，就意味着中国 GDP 国际地位提高了，国家的税收也提高了，"弗里德曼导师笑道，"也意味着中国人的国际购买力提高了，此时，把中国资产售出会更合算哦！"

大家都笑了，一个男生举手示意道："可是，导师，您刚才讲的都是货币升值的好处啊，它升值到底有什么坏处呢？"

弗里德曼导师慢条斯理地说："别急啊，听我慢慢道来。首先各位要知道，人民币升值对进口有利，就意味着对出口不利。国外容易把商品卖进中国，但中国的产品因人民币升值，反而不好往国外卖了！"

大家恍然大悟，中国可是个出口大国啊，如果对出口不利，那可真是一件不利的事情。

弗里德曼导师分析道，如果人民币升值幅度很小的话，其实不会让中国在出口方面受到太大的冲击，因为中国的劳动力成本十分廉价，这方面的竞争力使中国产品在出口方面不会受到太大影响。

但有些外国人会不假思索地认为：中国的产品涨价了，外国商人也会觉得从中国进口产品赚不到多少钱，然后给中国出口造成不利影响。可以说，只要人民币稍稍升值，对中国的出口就会产生实质性的伤害。

弗里德曼导师说道："既然刚才说了，人民币升值有利于中国人去国外投资，那就必然不利于中国引进外资，大家都能理解吧？"

学生们纷纷点头表示可以理解。弗里德曼导师接着说道："原来，外国投资商在中国用1000万美元做成的事，在人民币升值后，可能就需要1200万美元的投资才能办成。这等于人家什么都没买，就要支付200万美元，这事儿放在你们身上，你们愿意吗？"

大家笑着摇了摇头，纷纷表示不愿意。

弗里德曼导师笑着说："既然如此，就会加速国内资本流动到国外去。此外，人民币导致的进口增加、出口减少，造成贸易逆差，国外企业会使劲儿把商品卖到中国，从而影响国内企业的竞争力。"

"对了，各位，"弗里德曼导师一脸笑意地说，"听说中国的房价又被炒起来啦？其实啊，人民币升值与否，跟房价也是大有关系的哦！"

此言激发了大家的好奇心，人民币升值与否，跟房价有什么关系啊？

弗里德曼导师似乎看出了大家的疑虑，于是也不卖关子了，直截了当地开口道："人民币升值会导致房价上涨。房地产市场形成泡沫的原因，主要是人民币升值导致的外资投机性需求。"

弗里德曼导师严肃地说："当然，人民币贬值就会导致房地产价格下跌，因为高房价本就需要靠着繁荣的经济做支撑。正因为人们对经济看好，所以才愿意贷款买房，房地产商也愿意在国内建房。如果人民币贬值，就会让房地产行业雪上加霜。"

大家不由得倒吸一口凉气。大家都知道，外资流入是中国资产繁荣的重要方式。资本市场极度低迷，房地产岌岌可危的情况下，如果人民币还大幅贬值，让资金大规模流出，这后果真是不堪设想。（如图 13-7 所示）

图 13-7 进口与出口

弗里德曼导师笑眯眯地一鞠躬："各位亲爱的中国学生，关于货币的问题，我们就先谈这么多了。"

大家纷纷发出不舍的声音："导师，弗里德曼导师，请您再给我们讲讲吧！"

弗里德曼导师调皮地笑了："各位，其实有关货币的知识和例子很多，大家生活中随处可见。今天已经很晚了，我又是一个没有拖堂习惯的导师。"

大家都笑了起来，弗里德曼导师接着说："中国人自古便讲究博弈之道，其实，在经济学中同样存在着博弈。下节课的导师会给大家详细讲解经济学中的博弈之道！"

学生们开始憧憬起来，在弗里德曼导师的再次鞠躬下，礼堂里爆发出热烈的掌声，久久不能平息。

第十四章
纳什导师主讲“博弈”

本章通过三个小节，讲解约翰·纳什的博弈概念。在纳什众多的经济学观点中，最耀眼的亮点就是日后被称为“纳什均衡”的非合作博弈均衡概念。他的主要学术贡献体现在1950年和1951年的两篇论文之中。1950年，他把自己的研究成果写成题为“非合作博弈”的长篇博士论文，1950年11月刊登在美国全国科学院每月公报上，立即引起轰动。

约翰·纳什

（John Nash，1928年6月13日—2015年5月23日），美国著名经济学家、博弈论创始人、电影《美丽心灵》男主角原型。麻省理工学院助教，后任普林斯顿大学数学系教授，主要研究博弈论、微分几何学和偏微分方程。他与另外两位数学家在非合作博弈的均衡分析理论方面做出了开创性的贡献，对博弈论和经济学产生了重大影响，获得1994年诺贝尔经济学奖。

第一节 有趣的纳什均衡

早就听弗里德曼导师说，这节课的导师会讲博弈之道，难道今天的导师会给大家讲下棋？

王一一边胡思乱想着，一边漫步走向学校的大礼堂。

今天大礼堂格外安静，确实，连着两天都是“老头儿”讲课，难怪这些女生对导师的外貌失去了兴趣。

礼堂里，有些人在翻之前的笔记，有些人在谈论一些经济学问题。这种场面让王一有种错觉，仿佛这就是个普通的课堂。但大家都知道，这可不是普通的课堂，其中的神秘之处，只有上过课的人才有体会。

钟声敲响 12 下，虽然大家对博弈的兴趣超过了导师本身，但还是伸长了脖子，想提前一睹今晚经济学导师的真容。

一位长相英俊的年轻男子轻快地走上讲台：“各位，大家晚上好。我是今晚的经济学讲师——约翰·纳什。”

天啊！在场的女生都被这位英俊的男导师迷倒了，而男生则是因为另外一件事感到震撼：“您是电影《美丽心灵》男主角的原型！”

王一也看过《美丽心灵》，他对纳什在电影中对抗精神分裂症，最终战胜病魔获得诺贝尔奖的情节还记忆犹新。没想到现实中的纳什导师这么帅气！

纳什导师被大家看得有些不好意思，赶忙开了口：“各位，作为中国的学生，想必大家对博弈会有更深的体会。今天，我就给各位详细讲解一下经济学上有关博弈的内容，也是我最拿手的内容。”

纳什导师开门见山地说道：“这种理论是以本人的名字命名的，叫作纳什均衡。所谓纳什均衡，就是指这样一种策略组合——在这种策略组合上，任何参与人单独改变策略都不会得到好处。”

大家都听得云里雾里。纳什导师笑着说：“简单点说，如果在某个场景中，给定其他人的策略不变，每一个参与者对于自己的选择都‘不后悔’。”

一个女生举起手示意纳什导师自己有问题要问，在征得纳什导师的同意后，她红着脸说：“您能不能再举个例子，让我们能更好地理解纳什均衡的含义？”

纳什导师笑着说当然可以，然后给大家举了个“美女在图书馆”的例子。

纳什导师说道：“各位可以想象一下，当你正在图书馆无聊地坐着，一个陌生的美女微笑着主动跟你攀谈起来，并且要跟你玩个游戏，你玩不玩？”

在场的男同学都激动地表示要玩。纳什导师笑着说：“各位男士先不要着急，听我说说游戏规则再决定。美女提议玩硬币游戏，你和她各自亮出硬币的一面：如果都是正面，你给美女 10 元；如果都是背面，美女给你 5 元；其余情况，你给美女 1 元。你愿意吗？”（如图 14-1 所示）

图 14-1　纳什理论

在场的男士一琢磨，可以呀，于是还有一大半人表示要玩。纳什导师笑道："大家不要被美女迷惑了双眼啊，都仔细想一想，这个游戏公平吗？"

此言一出，大家才纷纷陷入思考。是啊，刚才没有注意，如今细细想来，真的很不公平啊！如果美女一直亮出硬币的正面，自己就要一直掏钱！

看到在场男同学们恍然大悟的表情，纳什导师满意地笑了笑，说道："跟这样的游戏一样，每种游戏都会有两种纳什均衡：一种是纯策略纳什均衡，即美女选择一直出正面；另一种是混合策略纳什均衡。"

显然，这个游戏应该选择混合纳什均衡，不然就太不公平了。因为美女只要采用纯策略纳什均衡，不论你再采用什么方案，都不能改变局面。

纳什导师笑着说：“不瞒各位，我提出的均衡理论，可是奠定了现代主流博弈理论和经济理论的基础哦！”

一个男生打断了纳什导师的沾沾自喜，问道：“导师！请问您这个均衡理论，对我们的生活有什么好处吗？据我所知，经济学理论是要用于实践的！”

“当然，我来举一个最简单的例子。”纳什导师说道，“你去地摊上买东西，肯定会讨价还价吧？”

那个男生点点头，说没错。纳什导师接着说：“在这个过程，我的策略、我给的价码都依赖于我对摊主的价码判断，而不是我随便说一个数字，对吗？”

那个男生听得有些糊涂。纳什导师无奈地笑了笑，说道：“按照传统价格理论来想，你砍价时会考虑最小成本，对吗？”

男生点点头：“是的，如果他的进价是 10 元，我可能会给他 15 元左右。”

纳什导师摇摇头，说道：“这就是传统价格理论的局限之处，因为在市场中，传统价格理论并不实用。比如一些垄断产品，价格多少不仅取决于成本，还取决于垄断者的心情。对吧？”

男生恍然大悟地点点头。纳什导师接着说道：“现在来看，以前的砍价方法并不令人满意，这时，均衡理论就要闪亮登场了：它可以分析非价格、非物质的物品，还可以分析人与人之间的相互关系或互动情况。”

“换句话说，”纳什导师一针见血地说道，“这时候，你考虑的不止是商品的成本和利润等传统问题，还要揣摩对方的心思，以及当前此商品的行情。”

接着，纳什导师给出了一个具体案例：

比如你要买一件衣服，你算出成本只要10元钱，但对方给的售价是100元。此时，如果你说20元，对方肯定不会卖给你，即便他是赚钱的，他也不想卖给你。因为他早就打算好了，最少要50元卖出去。

你考虑到这一点，于是出一个比50元稍微低一点点的价格，比如说45元。然后你告诉摊主："前两天我看见一件一模一样的，因为要收摊了只卖我40元，但是我没有买。这次给您45元，能不能卖给我？"

摊主会考虑到竞争和其他因素，然后用比预期低一点但不会低太多的价格，把这件衣服卖给你。

"最近，好像刑侦剧很火爆啊。"纳什导师笑着开始了下一个话题，"其实经济学上也有一个与刑侦擦边的理论，就是囚徒博弈！"

大家听了很惊讶，这经济学和囚徒有什么关系啊？纳什导师仿佛看出了大家的疑惑，慢条斯理地说道："欲知详情如何，请听我慢慢道来——"

第二节　致命的囚徒博弈

在吊足了大家的胃口后，纳什导师满意地开了口："囚徒困境是博弈论中非零和博弈的代表性例子，反映个人最佳选择并非团体最佳选择。现实中，囚徒困境的例子可是屡见不鲜哦。"

学生们纷纷请求道："纳什导师，赶快给我们讲讲吧！"

纳什导师笑着说道："好好，大家不要着急嘛。假如有两个小偷 A 和 B，两个人合伙入室盗窃，事后被警方抓住了。但因没有搜出赃物，警方不能按入室盗窃罪判处两人，一时间，双方陷入僵局。”

大家的心都揪了起来，那该怎么办呀？

“这时，一个经济学家找到警方，提供给警方一个方法。”纳什导师笑着说道，“把两个人分别带到不同的房间进行审讯，并告诉他们这样的话——”

纳什导师意味深长地说：“警察分别告诉他们：‘如果你俩都坦白了，按入室抢劫罪，各自入狱 8 年；如果你俩都抵赖，各自入狱 1 年；如果一个抵赖，另一个坦白了，抵赖的入狱 8 年，坦白的立即释放。’”（如图 14-2 所示）

图 14-2　囚徒博弈

大家七嘴八舌地说道：“那就都抵赖好啦，大家都关 1 年就可以出来了！”

纳什导师笑着说："最好的策略显然就是双方都抵赖。但由于双方处于隔离状态，所以他们各自都会产生怀疑——他会不会为了自保出卖我？我要不要先下手为强？"

大家都陷入了沉默，纳什导师接着说："懂点经济学的人都知道，每个人都是'理性'的，也就是自私的，他们都会从利己的目的出发，而不会过多地考虑大局。"

纳什导师笑着说："他们各自肯定都会出现这样的盘算过程——假如他坦白、我抵赖，我就得坐8年牢！假如他抵赖、我坦白，我就可以被马上释放，而他会坐8年牢！"

"大家想一下，两个人都动这样的脑筋，结果会怎样？"

大家立马回答道："不管对方坦白与否，对我而言，我坦白会更加划算！最终，两个人都会选择坦白，然后各自被判刑8年！"

纳什导师满意地笑道："这就是经济学里著名的囚徒理论！两个囚犯符合自己利益的选择是坦白招供，原本对双方都有利的策略——不招供从而均被判处1年的情况就不会出现。"

纳什导师强调道："各位在学习经济学的时候，一定要对博弈论有所了解。因为博弈论是最接近心理学的经济学，它会更贴近各位的生活，也最能揭示善恶。背叛还是合作，是囚徒博弈中永恒不变的选择。"

大家都沉浸在两个小偷互相揣摩对方心理的场景中。纳什导师看着若有所思的学生们，不由笑道："其实，这种博弈论早在原始社会就存在了！"

此言一出，大家都惊呆了。纳什导师接着说："各位都知道，原始人靠狩猎为生，猎物主要有两种：兔子和鹿。假设某个部落里只有两名猎人。如果这俩人合作，分头行动就能捕获1只鹿，因为单凭一己之力是抓不住鹿的。但一个人可以抓住 4 只兔子。”

“这时候，问题就来了！”纳什导师说道。

大家纷纷猜到了问题：在原始社会没有手机的情况下，这两个原始人都不知道对方在猎鹿的时候会不会坚守岗位。

纳什导师接着说道：“从能够填饱肚子的角度来看，4 只兔子可供一个人吃 4 天；1 只鹿可供每个人吃 10 天。也就是说，对于两位猎人，他们的行为决策就成为这样的博弈形式：各自去打兔子，每人得 4 天粮食；合作，每人得 10 天粮食。”

“但是！还有一点需要注意，”纳什导师加重了语气，“如果一个人去抓兔子，另一个人去打鹿，则前者收益为 4 天粮食，而后者只能是一无所获，饿肚子。”

课堂上爆发了强烈的不满：天啊，这场博弈也太难选择了吧。要么一个人打兔子，可以吃饱 4 天，如果对方不守信用，可能自己就要饿肚子。这简直是逼死人的选择啊！

纳什导师说道：“因此，他们就必须充分考虑所有情况，加上对对方的了解程度，综合所有因素，做出一个对自己最有利的选择。”

大家都被博弈理论逼疯了，看来这真是聪明人或“理性的人”才能玩的游戏啊！

纳什导师笑着说道：“正因如此，博弈论才能被称作经济学的中心，它才能成为微观经济学的基础。而且，博弈论除了‘经济人’都是理性的外，还暴露了另一个问题——信息不对称，就必然有一方吃亏。”

“对呀，”王一的舍友德伟说道，“我跟晨晨去大市场买衣服，人家一张口就要 500 元。我看那件衣服质量不错，正要掏钱买，一旁的小哥也看中了那件衣服，直接问 50 元卖不卖。最后您猜怎么着？还真让他买走了！”

纳什导师也有些惊讶：“这也太黑了。不过，如果是不知道大卖场行情的人去买，的确会吃亏上当，毕竟你也不知道对方的成本究竟是多少。”

“那我们在生活中要如何运用博弈论呢？”王一问道，“毕竟在经济学中，能实践的理论才是好理论嘛。”

纳什导师哈哈一笑：“不错，那我就给各位讲讲博弈论在生活中的运用。不知道在座的各位有谁养过猪吗？”

大家一听都是一愣，养猪跟经济学有什么关系？

纳什导师神秘一笑：“我曾参观过猪场，猪圈的左侧会装一个踏板，踩下踏板时，食物就会落下来。这时，如果小猪去踩踏板，大猪就会把所有食物都吃光；如果大猪踩踏板，大猪能在小猪吃完前吃到一半。那大家想想，这两只猪会采用什么方法呢？”

大家讨论了一会儿，纳什导师公布了答案：“当然是大猪去踩踏板，小猪一次踏板都不会踩的！因为它踩踏板是吃不到食物的，不踩反而能吃到一半食物；而大猪不踩踏板就没有食物，去踩踏板也能吃到一半！我举这个例子是为什么呢？因为企业定位就像这两只猪一样，小型企业像小猪，大型企业则像大猪。小企业会等待观望，大企业则会主动出击。这两种企业都是理性的，它们都选择了优势策略——试想，如果小企业选择主动出击，那它们会因为市场份额小，财力不足而‘中道崩殂’；如果大企业一味坐等，就会在竞争中失去先机，最后被市场淘汰！”

大家恍然大悟，看来，作为一名理性的经济人，一定要学会用经济学思维思考问题，这样才不会错失良机！（如图 14-3 所示）

图 14-3 理性的经济人

看着大家恍然大悟的样子，纳什导师话锋一转道："对了，各位有没有听过一句话，叫'好汉娶糟妻，癞汉取仙妻'？"

大家纷纷表示听说过，纳什导师接着说道："有谁知道原因在哪里吗？"

啥？这还能有什么原因啊？一个男生忍不住说道："那还有什么原因啊，看对眼儿了呗。"

大家都笑了起来，纳什导师却笑着说："一个人两个人这样，还能用看对眼来解释，可大家都是这种行为，就不得不做一番研究了。"

王一琢磨道，婚恋上都能用到的经济学原理，到底是什么呢？

第三节 劣币驱逐良币

纳什导师说道："我们先假设有 A、B、C 三个人。其中，A 是条件优势男，B 是条件劣势男，C 是一位标准美女。"

大家都被纳什导师的例子吸引了。纳什导师接着说："如果单从资源配置上看，A 应该配 C，对吗？"大家都点了点头。

"然而现实并非如此简单。"纳什导师笑着说，"A 因为自身条件好，所以选择更多，往往不会在一棵树上吊死；B 则不同，如果他失去了这次机会，可能很难再遇到 C 这样的美女，于是他会孤注一掷。"

大家想了想，确实是这个道理。C 会明显感觉到 B 比 A 追求自己的力度大得多，对自己也更温柔体贴。

纳什导师接着说："C 会凭借对方的行为表现，来判断对方爱恋自己的程度。因此，她可能会被 B 的花言巧语和'忠诚'所迷惑，继而被 B 拖进婚姻的殿堂，为婚恋角逐画上完美的句号。"

在场的女生都明显叹了口气。纳什导师笑着引出了话题："这种情况，在经济学中被称作'劣币驱逐良币'。"

劣币驱逐良币？大家都愣了一下，如果按照经济学的思维方式，不应该是优胜劣汰吗？为什么不好的会把好的驱逐出去呢？

纳什导师似乎看出了大家的心思，笑道："所谓劣币驱逐良币，就是在两种实际价值不同，但面额价值一样的货币同时流通的情况下，实际价值较高的货币，即良币，必然会被人们熔化，退出流通领域，造成劣币充斥市场。"

纳什导师说道："在 16 世纪的英国，金子已经不够造金币的了，于是市场上出现了另一种'金币'，面额是一样的，但掺了其他金属成分。于是，市面上同时流通了两种货币：一种纯金的，另一种 K 金的。"

王一想象了一下这样的场面，不由得啼笑皆非。

果然，纳什导师也笑着说道："虽然两种金币的面值一样，但价值却大不相同，于是人们纷纷将纯金币熔掉，做成各种饰品。在购买商品的时候，都只用杂质币进行交易。久而久之，市场上就全剩下杂质币了。”

大家纷纷笑了起来。纳什导师笑着继续说道：“另外还有一种劣币驱逐良币的情形，会发生在这种情况下——”

纳什导师介绍道：“18 世纪至 19 世纪的英国、美国和法国长期采用了这种方法，金币和银币之间存在着不变的兑换比率，比如 1 个金币能换 100 个银币。可市场上，黄金和白银的相对价格却会上下波动。于是，有趣的现象出现了！”

大家都明白怎么回事了，纳什导师接着说：“当黄金比白银贵时，人们就会将手中的金币熔掉，然后当作黄金卖出去。这样可以卖得 140 枚银币，比单纯用金币兑换银币多换 40 枚！”（如图 14-4 所示）

图 14-4　劣币驱逐良币

大家都纷纷感叹，人类的智慧真的是不可估量啊。

纳什导师接着说："有时候，人们会多次重复这样的过程，如此一来，市面上的金币，也就是良币，会日益减少，而银币，即劣币，则会充斥市场，并且严重扰乱市场秩序。"

一位男同学道："请问纳什导师，这个劣币驱逐良币的理论，对我们的生活会产生什么影响呢？或者说，我们生活中还有哪些例子呢？"

纳什导师笑着说道："请问这位同学，你玩游戏吗？"

那个男生一脸迷茫，什么？这跟我玩不玩游戏有什么关系？但他还是老老实实地回答道："玩。"

纳什导师笑眯眯地问："那你的游戏是正版碟，还是盗版碟？"

男生脸一红，小声说："……正版碟太贵了，我的是盗版碟。但我是支持正版的！"

大家都笑了，纳什导师也笑了，然后挥手示意男生坐下，说道："据我所知，现在的正版市场简直就是噩梦，尤其是游戏。没人愿意花 250 元买个正版游戏碟片，因为内容一模一样的盗版碟只要 10 元钱。"

大家都无奈地讪笑着，看来有不少人都买过盗版碟。纳什导师接着说："盗版碟 10 元钱，大家都想买，但实际成本呢？正版可能需要 230 元，盗版只需要几毛钱，所以盗版市场难禁止，里面利润太大了。"

大家都表示同意地点了点头。纳什导师接着说："没人肯买正版碟，就导致越来越多的正版碟退出市场，反而盗版碟越来越火。这就是劣币驱逐良币的例子。"

大家都对纳什导师心悦诚服，看来，我们身边关于劣币驱逐良币的事情还真不少！

这时，纳什导师对大家鞠了一躬，然后微笑道："好了，各位，有关博弈的课程就到此结束了，我还有其他的研究要做。"

"纳什导师！再给我们讲一会儿吧！"不止是女生，连一些男生都忍不住出言挽留。

但纳什导师依旧风度十足地挂着微笑，冲着学生们挥了挥手："天下没有不散的筵席。如果各位从我的课上学到了一些知识，就是我最大的荣幸。"

就这样，纳什导师在学生们不舍的掌声中，慢慢消失在讲台上。

第十五章 李斯特导师主讲“贸易保护”

本章通过三个小节，讲解了弗里德里希·李斯特关于“贸易保护”的经济学精髓。同时，作者使用幽默诙谐的文字，为读者营造出一种轻松明快的氛围。让读者能在愉悦的氛围中，提高自己的经济学能力。本章适用于所有渴望了解“贸易保护”经济学内容，且有提高自身经济能力欲望的读者。相信在阅读本章后，能对这部分读者有所帮助。

弗里德里希·李斯特

（Friedrich List，1789年8月6日—1846年11月30日），古典经济学的怀疑者和批判者，是德国历史学派的先驱。李斯特的奋斗目标是推动德国在经济上的统一，这决定了他的经济学是服务于国家利益和社会利益的经济学。

与亚当·斯密的自由主义经济学相左，他认为国家应该在经济生活中起到重要作用。他的观点深受亚历山大·汉密尔顿以及美国学派的影响。

他的主要思想包括国家主导的工业化，贸易保护主义，等等。其以具体行动力促成德意志关税同盟，废除各邦关税，使德国经济获得统一，并对德国的统一产生影响。

第一节　国家利益高于一切

王一还沉浸在上周的博弈论中，没想到大洋彼岸竟然有位精通博弈之术的美国人。纳什导师的均衡理论，也让王一在生活中逐渐耳聪目明。

今天来上课的又是哪位导师呢？王一不由得暗自揣测道：上节课就该问问纳什导师，这节课会讲些什么。

还没到24点，王一已经在自己的座位上坐好了。

果然，周围的女学生又在兴奋地讨论着纳什导师，王一无奈地摇了摇头，看来纳什导师的魅力还真是不小。

到了24点，讲台上突然升起了一团烟雾，一个身影在烟雾中若隐若现。学生们纷纷伸长脖子望向讲台。然而，在导师出来的那一刻，大家却笑场了。

突然，不知道哪个男生说了一句："呀，这是流浪歌手吧？"然后学生们全部笑倒。只见讲台上这位导师头发蓬乱，一张沧桑的脸上蓄满了胡须，他前面的头发已经掉光了，露出一个闪亮的大脑门儿。高高的鼻梁上架了一副小眼镜。

"各位晚上好，我是今天的导师，李斯特。"讲台上的导师用沧桑的声音做了自我介绍。

"李斯特不是钢琴家吗？怎么教起经济学了？"一个女生疑惑地问道。

李斯特导师涨红了脸："我是弗里德里希·李斯特导师，你说的钢琴家是弗朗茨·李斯特，我们俩可不一样！”

女生吐了下舌头，歉意地笑了笑。

李斯特导师耸了耸肩：“好了，同学们，如果大家没有别的问题，我就要开始上课了。”

说完，李斯特导师就在黑板上写了大大的一行字：贸易保护。

李斯特导师突然大喊了一句：“国家的利益总是高于一切的！”这突然的一嗓子，把学生们吓了一跳。王一暗想道：这个李斯特导师不是要讲贸易保护吗？怎么扯到国家利益高于一切了，难道他要讲爱国？

李斯特导师似乎看出了大家的疑问，笑着说道：“各位先别着急，虽然我是德国人，但我要给各位讲个美国的故事。”

大家一听有故事，纷纷竖起了耳朵。

李斯特导师讲道：“记得那是1996年的情人节，距离总统预选日期已经不到一周了。这时，共和党的候选人帕特里克·布坎南出现在一家花店里，他买了一束玫瑰花，作为送给妻子的情人节礼物。”

“哇——”女生们纷纷发出羡慕的声音。

李斯特导师笑了一下，接着说道：“可是，他这束玫瑰不仅代表了温馨和浪漫，也代表了严正与谴责！他用这束玫瑰告诉美国公民：南美国家的玫瑰已经抢占了美国市场，正在夺取美国花卉种植者的饭碗！”

“说得没错。”这回轮到男生们热血沸腾了。

“当然，一心沉迷于选举中的布坎南忽略了一个根本问题。”李斯特导师温和地说，“二月，美国正是寒冬时节，玫瑰难以生长；而南美气候宜人，即便加上包装和运费，也比美国本土玫瑰的成本低很多。”（如图15-1所示）

图 15-1　国家利益高于一切

大家都点了点头，但心里还有一丝疑问，李斯特导师讲这个故事是什么意思呢？

李斯特导师微笑着解释道："各位可知道，布坎南为何要在玫瑰上大做文章？原因就是要号召美国民众减少对南美物品的进口，保护美国本土的产品！他想利用这一点，得到美国基层人民的支持。"

大家恍然大悟，看来布坎南真是个聪明人，如此一举两得。

李斯特导师温和地说："其实，各个国家都存在贸易保护。我再给各位讲个故事。故事发生在 2003 年，记性好的同学应该知道，那一年，美国爆发了疯牛病，很多国家都禁止从美国进口牛肉，韩国也不例外。"

大部分同学都点点头表示记得，那一阵子闹得人心惶惶，中国也加强了关于进口产品的审查。

李斯特导师接着说："然而，韩国为了推动《韩美自由贸易协定》的签订，放宽了对美国牛肉的进口。这一协议遭到韩国民众的强烈抗议，超过100万的韩国人在首尔游行，抗议政府进口美国牛肉，当时的韩国总统李明博不得不向韩国民众道歉。”

大家都笑了，韩国人是出了名的崇尚“韩牛”，如果美国牛肉进入韩国市场，势必会损害韩国民众的利益。

李斯特导师说道：“这场‘韩美牛肉风波’就是典型的传统经济民族主义与贸易全球化之间的激烈碰撞。据韩国经济研究院说，这场风波给两国都带来了不小的经济震动，进而造成了25亿美元的损失。”

李斯特导师笑道：“各位都知道，中国劳动力很廉价，而且原料丰富，导致产品的成本很低。”

学生们纷纷点头。李斯特导师继续说：“所以，中国把衣服、鞋袜等日常用品出口到美国之后，价格要比美国的便宜很多。这也导致了美国人纷纷购买便宜的中国货，而其本土产品难以卖出的后果。后来，美国还用‘倾销’的名义告了中国一状，这些都是国际贸易保护的手段。”

李斯特导师笑着说道：“从这三个例子中，各位不难发现，贸易保护主义的主要表现形式有：反倾销；世贸组织的保障措施；以环境保护为名的绿色壁垒；凭借技术优势构建的技术壁垒。”

“各位，”李斯特导师突然沉痛地说，“我知道，中国曾经经历了一段被殖民者掠夺的艰苦岁月。”

大家的心情都有些沉重，气氛一时间有些压抑。

李斯特导师换了温和的语气：“然而，我们要从中学到一些知识，记住历史的教训，于各位而言，也是一种财富。”

看到学生们的情绪好转，李斯特导师在黑板上写下一行字：贸易逆差与鸦片战争。

第二节　贸易逆差与鸦片战争

一提到鸦片战争，王一就有些情绪低落。鸦片战争是每个中国人心里的痛。直到今天，鸦片战争依然被看作中国进入半殖民地半封建社会的标志。

李斯特导师温和地说道："我记得中国的清朝有康乾盛世，当时，稳定的政治带来了中国国内手工业的蓬勃发展。各位要知道，中国的茶叶、瓷器和丝绸等，可是当时欧洲贵族最喜欢的商品。"

"各位可以想象一下，英国等国家从中国进口大量的茶叶等物，就会导致大量白银流入中国市场，"李斯特导师笑着说道，"英国贵族爱喝下午茶，并且把下午茶当作身份的象征，所以必然会从外国进口大量茶叶供自己享用。于是，英国商人纷纷来中国经商。他们想用英国的商品来换取中国的丝绸、茶叶和精美瓷器等。但是，这也存在着问题！"

大家都在想，这个贸易能有什么问题呢？一个国家出口，另一个国家进口，这不是一件很好的事吗？

李斯特导师笑着说："可是中国不愿意理英国人这茬儿啊，各位都知道，中国属于自给自足的农业、手工业经济，他们本身就能造出上好的毛呢、钢铁……所以，中国的手工业者对英国工业搞出的蒸汽机完全没有兴趣啊！即便英国派来了很多金牌销售员也难有作为！"

大家都笑了，确实，中国地大物博，在那个年代实在不需要通过进口获取商品。

李斯特导师摊手道：“但很快，英国人又想出一招——印度是英国的殖民地，而且该地生产鸦片，于是，大不列颠的商人们开始酝酿一个非法的鸦片走私贸易。”

王一有些气愤和无奈，他学过历史，也见过那些历史图片。王一知道，吸食鸦片摧毁了很多人的神经，很多青壮年变得萎靡不振，鸦片走私加速了清政府地方官僚的腐败，而且，清朝的经济基础正一步步被鸦片贸易摧毁。

“很快，随着鸦片的流入，中国的白银也大量流失，清政府的财政产生了贸易逆差。”李斯特导师笑着说，“此时，清朝的道光皇帝不得不找来林则徐，说：‘小林呀，你去管管吧。’然后，林则徐就把鸦片给烧没了。”

学生们都笑了，李斯特导师接着讲道：“那你们说，英国人能同意吗？贸易逆差就意味着亏本啊！英国是中国商品的大买家，但中国却需要英国商品，所以英国一直在亏本，这次靠邪恶的鸦片贸易赚了回去，英国人当然不能坐视林则徐禁烟呀！”

有些学生没有听懂，这有什么问题啊？你拿钱，我把商品卖给你，再正常不过了。李斯特导师无奈地笑了：“如果英国把钱全投到中国买茶叶，而中国又不购买英国商品，英国就会出现本国货币短缺的局面，进而没有办法购买其他工业物资，不能进行再生产再获得货币。”

大家都恍然大悟地点点头，是啊，金银全都流通到中国了，本国的货币储备就没有了。

“各位知道，货币最重要的一点，就是作为利润，直接体现在流通环节中。”说完，李斯特导师给大家举了个例子：

英国通过对外贸易和殖民地掠夺，能赚到100枚金币。其中，各种成本加在一起是40枚金币，也就是说，英国总共能获得60枚金币的利润。

然而这60枚金币的利润中，有20枚金币要用来购买茶叶，茶叶还是英国必买的商品，不能省掉。这如果体现在财报上，就是永远损失了20枚金币，因为英国没办法把这个钱从中国市场上赚回来。

这时候，英国只剩下40枚金币，这40枚金币仅够支持正常的生产循环，英国人没钱，就没办法扩大生产力。（如图15-2所示）

图15-2　贸易逆差

当然还有一点：鸦片本身就是赚钱的，但这个钱没有被用来扩大生产力，而是用来直接消费各种丝绸、瓷器等手工品。

所以，无论从国家的角度，还是从个人的角度，英国人都有足够的借口发动战争。因为国际贸易中一个最重要的问题就是：当一个国家通过制造业生产的物资，极大地造成顺差，而导致另一个国家没有货币继续购买物资，所有生产与流通领域都会崩溃。

李斯特导师问道："这种情况下，英国选择了发动战争，获取巨额金银以及茶叶等物资。你中国不是不给我吗？那我就抢呗。"由此，英国的武装战舰就开到了中国海域，鸦片战争就这样爆发了！

大家都沉默了。

李斯特导师顿了顿，缓缓说道："不知道各位有没有听说过'香蕉共和国'？"

"当然听说过，"一个打扮得很新潮的男生开口道，"'香蕉共和国'是个时尚的衣服品牌。"

李斯特导师笑了："在经济学中，'香蕉共和国'可不是这个意思哦，它可是一种严重的经济现象。"

于是学生们纷纷要求道："李斯特导师！快给我们讲讲吧！"

李斯特导师满意地开了口——

第三节 "美洲香蕉共和国"

"'香蕉共和国'这个滑稽的词汇源自美洲，因此又被称为'美洲香蕉共和国'，"李斯特导师，"各位可不要小看香蕉，从某种程度上说，香蕉也是能杀人的！"

学生们都被吓了一跳，香蕉软糯香甜，怎么能杀人呢？

李斯特导师："大家知道，香蕉是最常见的水果之一了，那时候美国还没有香蕉这种水果，所以不得不从南美洲进口香蕉。在种植香蕉的过程中，美国有一家叫联合水果公司的企业，对蕉农们进行了血腥的剥削。"

联合水果公司是一批以中美洲为据点，向北美地区出口香蕉和其他热带水果的贸易公司。由于南美洲气候炎热潮湿，加上劳动力价格低廉，联合水果公司立马在那里大量开垦荒田种植香蕉和其他热带农作物。

李斯特导师痛心地说："联合水果公司并不像名字那样单纯地贩卖水果，而是渗透到香蕉生产、包装和出口等过程中，快速垄断了香蕉行业。当时，帝国主义已经度过了早期的疯狂殖民阶段，开始用国家资本主义对落后地区及其人民进行掠夺，而美国的香蕉果品公司就是最典型的案例。"

"啊？您快给我们讲讲吧！"大家的好奇心都被勾了起来。

只见李斯特导师故作深沉道："哎，这件事啊，说来可就话长了——"

原来，这个世界上有一些国家体量比较小，而且工业基础薄弱，经济门类单一。它们只能靠老天爷，也就是农业吃饭。

当年，美国企业——联合水果公司——敏锐地发现了这一点，于是跑去这些国家高价收购香蕉……

"哎，不对啊，"一位男生皱着眉头说道，"联合水果公司高价收购香蕉，这不是做好事去了吗？怎么能跟杀人扯上关系呢？"

李斯特导师笑着说道："你别着急嘛，听我接着往下说——"

联合水果公司先是高价收购香蕉，让这个国家的人民看到种植香蕉有利可图，这样一来，很多当地人都放弃了其他经济作物，专门为联合水果公司种植香蕉。此外，联合水果公司还给当地政府缴纳了大量的税，于是，当地政府也鼓励人民多种香蕉多出口。

可是，当这个国家绝大部分经济都依靠"香蕉"时，联合水果公司的真正目的就浮出了水面——它们开始拼命压低香蕉的价格，最后垄断了整个国家的香蕉出口。

"不对啊，那联合水果公司压低香蕉价格，当地人不种不就好了？"一位男生满不在乎地说道。

李斯特导师摇了摇头："你想得太简单了。当地经济门类单一，一旦走上种香蕉的道路，它们就会因为经济惯性一直种下去——你不可能说转型就转型，哪怕是把香蕉换成土豆，那也是需要时间的。而且，它们给当地政府缴纳了大量的税款，如果有人不配合种香蕉，当地政府就会派武装力量镇压自己的人民。这些小国家经常更换政府，联合水果公司只要控制住当地政府，那政府就会成为商人敛财的工具，血腥地剥削着当地的果农。”

大家面面相觑，王一也是一脸无奈。弱肉强食，这原本就是国际潜规则。李斯特导师接着讲道：“还不止这些呢！联合水果公司在美洲落后国家一方面血腥剥削香蕉农，逼底层人民做劳动者；另一方面又疯狂占领南美市场，逼他们做消费者，从中获利。其实，联合水果公司的手段很简单，”李斯特导师认真地说，“他们只是个中间商，把来自洪都拉斯的香蕉运往美国，让从未吃过香蕉的美国大众品尝后，立马用消费和钞票表示自己对香蕉的喜爱。同时，联合水果公司还雇用了大量的廉价劳动力，甚至还有童工。所以，该公司的利润十分惊人，也将更多的公司吸引到南美洲，一起剥削当地的底层人民，搞得民不聊生。”（如图 15-3 所示）

图 15-3　水果公司与政府

学生们都是一脸沉痛，李斯特导师却说："这还远远没有结束，它们在赚足资金后，就开始疯狂扩张版图，不断增购土地，甚至修筑了铁路和港口，方便自己向世界运输香蕉。这也让它们控制了中南美洲国家的货运业、邮政业和金融业。最终，这个联合水果公司达到了跨国公司的规模，成为巨头！"

学生们都有些气愤，把攫取暴利建立在剥削当地人民身上，难怪李斯特导师说，香蕉也能够杀人。

李斯特导师说道："20世纪50年代，在联合水果公司的手段下，危地马拉的农民不仅失去了土地，其自然经济也遭到严重破坏，只能紧紧攥住'当蕉农'这一根危绳。危地马拉的老百姓不仅要忍受政府的贪腐独裁，还要忍受联合水果公司的疯狂压榨，生活苦不堪言。"

王一想起来了，在欧·亨利的小说《白菜与国王》中，作者所影射的就是美国控制下的洪都拉斯。可是，电影中"国中之国"的场景，却活生生在中南美洲上演，这就是他们真实的生活！

香蕉园四周都围着铁丝网，在香蕉、甘蔗、菠萝等热带水果的果园外面，还站着一排戒备森严的美国军人，所有运输香蕉的铁路、公路和港口的出口处，也都有雇佣兵把守，一切都为美国人所操控。

李斯特导师说道："中南美洲的城市里，一切医院、学校、军营甚至邮局，都是属于联合水果公司的，这些美国人在国家中造出另外一个国家，享受国中之国的优待，并享有常人无法得到的特权。"

"反观当地人呢，却只能住在贫民窟里。"李斯特导师心痛地说，“当地的年轻人只能去美国种植园里出卖苦力，剩下的老弱病残就被扔在一旁，成为城市边缘人。”

李斯特导师无奈地说：“在‘香蕉化’最严重的洪都拉斯，美国联合水果公司占领的土地甚至比本国政府持有的国土还多！而危地马拉的政府，还得出钱向联合水果公司购买国土，真是太可笑了。”

李斯特导师讲得声情并茂，把所有同学都带入到那个悲惨的年代。

“联合水果公司只会让世界香蕉贸易更集中、独大、更危险，这也是中南美洲国家没有实施贸易保护政策的严重后果。后来，那些经济命脉被别人控制的国家，世人就将它们称为香蕉共和国。

告诉各位一件荒唐又无奈的事，”李斯特导师说道，“各位都知道，美国经常公然干涉‘香蕉共和国’的内政。”

大家听后都陷入沉默中。

李斯特导师及时打断了大家的沉默：“所以，各位应该明白，贸易保护其实不全是坏事了吧？那么，谁能告诉我你们从‘香蕉共和国’中吸取到了什么教训呢？大家都是学经济学的，听完我的课，总不能一点儿收获都没有吧？”

听完李斯特导师的话，王一立刻举起手说道：“贸易还是需要一定的保护的，我们不能将自己国家的命运完全放在外国人手里！”（如图 15-4 所示）

图 15-4　国家贸易保护

李斯特导师立刻点头表示同意：“非常好！还有吗？”

王一的舍友阿括也举手说道：“我认为，本国经济不能够过于单一，否则就很容易在国际贸易中丧失主动！”

“说得真不错呀。”李斯特导师赞同道。

有王一和阿括打头阵，大家纷纷举手发表了自己的见解。等大家说得差不多了，李斯特导师才挥了挥手对大家笑道：“大家说得都非常好！看来你们确实收获了很多，我很欣慰呀！好了，亲爱的同学们，关于贸易保护的课程，我今天就讲到这里，祝大家晚安！”

学生们热烈鼓掌，以此答谢李斯特导师的倾情讲授。

第十六章
斯蒂格利茨导师主讲“危机”

本章通过三个小节，讲解了约瑟夫·斯蒂格利茨的“危机”经济学内容。约瑟夫·斯蒂格利茨在危机经济方面有深刻研究，为了帮助读者更好地理解约瑟夫·斯蒂格利茨的“危机”经济学，作者将约瑟夫·斯蒂格利茨的观点熟练掌握后，又以幽默诙谐的文字呈现给读者。对“危机”内容有兴趣的读者，本章是不可错过的部分。

约瑟夫·斯蒂格利茨

（Joseph Eugene Stiglitz，1943 年 2 月 9 日—），美国经济学家，哥伦比亚大学校级教授，哥伦比亚大学政策对话倡议组织主席。1979 年获得约翰·贝茨·克拉克奖，2001 年获得诺贝尔经济学奖，他的重要贡献使得 IPCC 获得 2007 年诺贝尔和平奖。1993 年至 1997 年，斯蒂格利茨担任了美国总统经济顾问委员会主席，1997 年至 1999 年，他又担任了世界银行资深副行长兼首席经济学家。

第一节　为什么会发生经济危机？

又到了周六晚上，到达礼堂后，王一却发现今晚的礼堂格外安静，空气里弥漫着一股不舍的气息。伴随着 24 点的钟声响起，一位身材有些发福，但却意气风发的经济学家走上讲台。这位导师戴着圆圆的眼镜，穿着一身棕色西装，满脸都是藏不住的笑意。气氛不知为何变得有些热烈而欢快了。

哦！王一认得他，他是克拉克奖和诺贝尔奖的获得者！也是世界银行的副行长和首席经济学家——斯蒂格利茨导师！自己昨天还在新闻上看到了这位经济学家发表讲话的视频！只见这位导师开心地对学生们挥手致意道："嗨，各位晚上好！我是今晚的经济学导师——约瑟夫·斯蒂格利茨！"

显然，在场的很多学生都认出了他，纷纷爆发出激动的呼声。

斯蒂格利茨导师开心地说："各位，我这节课的目的，就是跟大家谈谈危机。"

什么？用这么开心的口气讲危机？王一不由得暗自佩服，看来经济学家早已经习惯应对各种危机了。

斯蒂格利茨导师笑着说道："各位知道美国曾爆发的经济大萧条吗？"

学生们纷纷表示知道，斯蒂格利茨导师满意地点点头，然后问道："那各位知道，为什么美国会出现经济大萧条吗？要知道在1929年以前，美国的经济可是蓬勃发展的啊！”

王一学过历史，1929年以前，美国确实是一派繁荣景象，汽车、通信、飞机等行业蒸蒸日上，美国的股市还经历了18个月的绝对牛市。为什么到了1929年，美国的股市会突然崩溃，甚至引发了一场波及世界的经济危机呢？

斯蒂格利茨导师卖了个关子，笑着说：

“我给各位讲个故事，各位或许就能明白了。从前有一个岛，岛上有3个老板，老板A开了衣服店，老板B是农场主，老板C则是家电厂老板。岛上一共有32位工人，每个厂子正好需要10人，可失业的2人也不是长期失业，因为他们会因别的工人生病或外出等原因轮流上工，所以岛上生产和消费是基本平衡的。”

大家正幻想着和谐的场面，斯蒂格利茨导师却打断了大家的幻想：

“但是！在生产率提高之后，每个老板只需要8人就能完成工作，于是，就会造成8个人的失业。因为失业，有人愿意多干一小时，并少拿50元的工资。在失业的压力下，人们会有什么行为呢？”

一个男生说道：“生产率提高，劳动时间变长，工资变少，会让大家都产生失业的危机感。”

“不错，”斯蒂格利茨导师赞道，“危机感会驱使他们减少消费，进行储蓄，这些劳动者的总消费就会呈现明显下降的趋势。因此，即便老板们没有扩大产能，也会出现产能过剩。于是，他们只能通过降价卖出产品。”

王一不由得想到：为了有更大的降价空间，老板肯定会继续延长劳动时间，并且减少工资，这样一来，岛上的失业率就会增加得更加厉害。

果然，斯蒂格利茨导师无奈地说："生产率提高，但需求没有跟上，这就导致了失业率增加；劳动者工资减少，必然会让消费减少，造成供过于求，甚至让工厂倒闭，造成更多人失业，形成恶性循环。"

斯蒂格利茨导师无奈地说："最后，岛上竟然出现了一个怪现象：人们有需求，但不敢买；厂家有生产能力，但卖不出去；在生产率大幅提高以后，人们居然既不劳动，也不消费，甚至有人活活饿死。"

王一不由得感叹道：这就是经济的威力啊，人们陷入自己设计的经济怪圈里，无法自拔。

斯蒂格利茨导师说道："工人来干活，钱却大部分给了老板。老板为了攫取更多的利润，不断压榨工人的劳动成果，获得更大的剩余价值。这直接导致了生产发展起来的同时，造成贫富差距过大，引发产品相对过剩。"

王一有些愤愤不平，是啊，真正需要消费的人群，却没有购买能力。工人的生活水平本就在最低层次，他们需要大量的生活必需品，但却因被剥削而导致无法购买，而小部分有钱人却不需要再买更多的产品。（如图 16-1 所示）

斯蒂格利茨导师用一个故事就讲清了经济危机的原因：老板剥削工人，导致整个社会的消费能力不足，继而造成产品剩余，即相对过剩。接下来，工厂会因卖不出产品而倒闭。经济危机原来就是这样的怪圈。

图 16-1 经济危机

斯蒂格利茨导师笑着说："各位明白经济危机为什么会发生了吗？"大家纷纷点头，表示自己已经明白了。于是，斯蒂格利茨导师又问了另一个问题：

"各位每个月的生活费是多少呀？"

有人说 1000 元，有人说 3000 元，斯蒂格利茨导师笑着说："那各位每个月买食物的钱又是多少呢？"

花 1000 元的人说"吃饭买零食加起来，一共 300 元"，而花 3000 元的人却不好意思地说"我能花 2500 元"。

大家都笑了，一位男生说道："斯蒂格利茨导师！您该不会是讲恩格尔系数吧？"

斯蒂格利茨导师开心地笑了。

第二节 “骗人”的恩格尔系数

“同学们，你们知道恩格尔系数吗？”斯蒂格利茨导师笑眯眯地问。大部分人都表示知道，但也有一些同学从未听说过这个名词。

斯蒂格利茨导师想了想，说道：“好吧，各位，在讲恩格尔系数前，我先问大家这样一个问题——社会危机是怎么产生的？”

社会危机？听到这个问题，大家都陷入了沉思。不久，一位男生弱弱地说道：“……因为没钱？”

斯蒂格利茨导师顿时笑了起来：“哈哈，这倒是大实话，你说得对，但是不完整。社会危机其实是因为家庭危机，如果一个城市有 80% 的家庭都长期处于危机中，那这个城市肯定会存在各种问题。”

王一皱着眉头沉思了一下，不错，社会原本就是由无数个家庭构成的。如果一两个家庭出现危机倒没什么，但如果大部分家庭都出现危机，那这个社会就必然出现问题了。

“好了，各位，在了解社会危机出现的原因后，我们再回头来看看恩格尔系数。”斯蒂格利茨导师转身在黑板上写下一个公式：食物支出金额 ÷ 总支出金额 ×100%= 恩格尔系数。然后他说道：“恩格尔系数就是衡量一个国家和地区人民生活水平的计算方式，它是国际上广泛使用的一个指标，也是联合国粮农组织提出的标准，但是——恩格尔系数真的准确吗？”

这个问题一抛出，大家都很诧异，联合国粮农组织提出来的标准还能不准确吗？斯蒂格利茨导师仿佛看出了大家的想法，他笑着说道：“喂喂，身为中国学生，各位可不要犯本本主义错误哦！我给各位举个例子，各位就知道了。”

斯蒂格利茨导师说：“假如女生 A 的工资是 3000 元，男生 A 的工资是 5000 元，二人组建家庭后，月薪一共是 8000 元。他们每月需要还 4000 元的房贷，女生会买便宜衣服和护肤品需 1200 元，还有交通、社交费用 2000 元，所以每月只有 800 元用于吃喝。”

大家纷纷把数字记在笔记上，斯蒂格利茨导师接着说：“女生 B 每月赚 1 万元，男生 B 每月赚 2 万元，夫妻二人一共赚 3 万元。两个人没有房贷，也不爱出去旅游，没事儿就各种网购零食或者叫外卖，所以，二人用于食物的花销大约为 2 万元。”

斯蒂格利茨导师笑着说：“按照恩格尔系数来说，恩格尔系数在 59% 以上为贫困，50% ～ 59% 为温饱，40% ～ 49% 为小康，30% ～ 39% 为富裕，低于 30% 为最富裕。大家可以算下，家庭 A 和家庭 B 的恩格尔系数分别属于哪一类？”（如图 16-2 所示）

图 16-2　恩格尔系数

学生们纷纷按照恩格尔系数的算法，算出了两个家庭的恩格尔系数。王一惊讶地发现：家庭A的恩格尔系数为10%；家庭B的恩格尔系数为67%。如此一来，月薪8000元的A家庭为最富裕，而月薪3万元的家庭B则是贫困。

数据一出来，大家傻了眼。再算一遍，结果还是一样的。

斯蒂格利茨导师用一脸幸灾乐祸的表情看着迷茫的学生们，然后开了口：“各位，不要觉得不可思议，也不要怀疑自己的数据，因为——恩格尔系数根本就是骗人的！”

斯蒂格利茨导师的一番话，立马引来一片哗然。斯蒂格利茨导师接着说道：“就像刚才那两位同学一样，一位月消费1000元，却只在食物上消费300元；另一位月消费3000元，却有2500元用在吃喝上一样。”

大家恍然大悟，一个女生较真道：“那么，恩格尔系数一点儿用处都没有吗？既然没有用，联合国粮农组织为什么还要沿用恩格尔系数呢？”

斯蒂格利茨导师微笑着说：“当然，我不否认我的例子都是特殊现象，但这种特殊现象确实是生活中随处可见的事情。恩格尔系数原本就是不够科学的，只是到目前为止，还没出现比它更高级的计算方式。”

这位女生接着说：“那么，对大部分人来说，恩格尔系数还是有效的，对吗？”

斯蒂格利茨导师耸了耸肩，仿佛对这样认死理的学生很无奈：“当然不对，且不说我刚刚举的例子，影响恩格尔系数的因素实在太多了，我这么跟你说吧——”

斯蒂格利茨导师举例道：“不妨就用你们中国所谓的‘绿色

食品’为例。据我了解，中国目前把食品分为普通食品、无公害食品、绿色食品、有机食品四个等级，其中有机食品的生产要求最为严格，对吗？”

女生和其他同学频频点头。斯蒂格利茨导师接着说：“我在某城市的农贸市场发现，有机蔬菜的价格比普通蔬菜的价格贵了14倍；在一些大城市里，甚至会贵到15倍以上。有机大米也会贵上七八倍！”

女生把头发一甩，问道：“这些跟恩格尔系数有什么关系呀？”

斯蒂格利茨导师说道：“假如中国人有钱了，在日常生活中就会选择有机食品，那用于食物的支出就会上升。直接后果就是——有钱了，恩格尔系数反而变大，原本属于小康水平的人群，一下子就会被归为贫困人群！”

女生无话可说了。斯蒂格利茨导师接着说：“影响恩格尔系数的因素远不止这些，就拿中国来说，消费品价格比价不同、居民生活习惯的差异，以及由社会经济制度不同所产生的特殊因素，无一不影响着恩格尔系数的浮动。”

女生心悦诚服地点点头，表示自己明白了。斯蒂格利茨导师微笑着示意这位女学生坐下，然后接着说道：

“在实际操作中，恩格尔系数会受到很多因素的影响。姑且不论各地区消费品价格、生活习惯、社会福利补贴等方面的差异，光是在食品等级的选择上，就会导致恩格尔系数横向、纵向比较的难度加大。”（如图16-3所示）

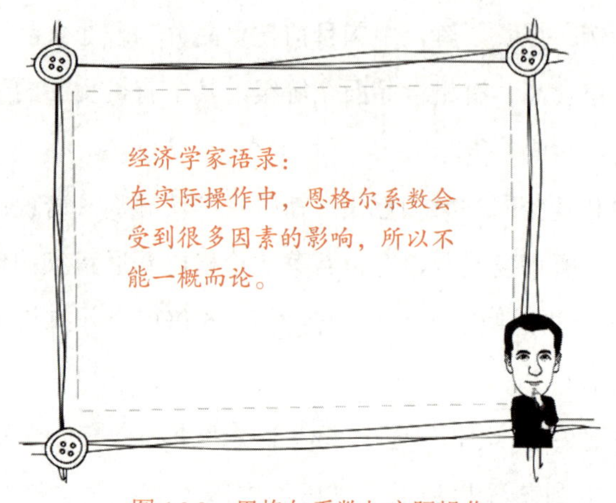

图 16-3　恩格尔系数与实际操作

“总之，”斯蒂格利茨导师总结道，“恩格尔系数泛泛而谈，它的问题不大，但精准操作确实很难。”

大家都连连点头，看来真的不能太教条主义啊，遇到事情还是要多思考，这回还真是跟斯蒂格利茨导师多学了点儿知识。

斯蒂格利茨导师笑眯眯地接着问：“各位都知道，美国是个富裕的国家，但各位知不知道，美国还找中国借钱呢！”

啊？王一暗想，斯蒂格利茨导师在逗我们？

斯蒂格利茨导师脸上虽是笑嘻嘻的，但却用认真的口气说：“这是真的，而且，美国还没少跟中国借钱，各位知道为什么吗？”

第三节　美国为什么找中国借钱？

斯蒂格利茨导师笑眯眯地说：“美国为什么向中国借钱？这个问题也可以问成——为什么中国借钱给美国？”

一位男生嚷嚷道："因为美国经济危机，缺钱呗！"

斯蒂格利茨导师微笑道："是呀，2008 年爆发了全球性金融危机，超级大国——美国——也不例外。可是，为什么美国缺钱了，中国就要把钱借给美国呢？"

大家点点头，是啊，中国要借钱给美国，肯定是对自己有好处的啊！虽说我国一直崇尚道义，但毕竟国家也是要发展的嘛。总不可能一点儿好处都没有，就把钱白白借给美国吧？

想到这儿，大家纷纷笑起来。

斯蒂格利茨导师佯装敏锐道："你们又想到什么歪理啦？看你们的笑容就知道，肯定又打了什么小算盘。"

在轻松的氛围中，斯蒂格利茨导师给大家分析道："你们看，中国自从改革开放以来，一直在搞外向型经济吧？所以积累了大量的美元外汇。中国拥有这么大的美元储备，肯定是要花出去的，对吧？"

大家纷纷点头，斯蒂格利茨导师笑着说："大家知道，美元虽然是国际货币，但在中国市场买菜的时候，没有中国人是按美元结算的吧？！"

对，大家表示同意。

斯蒂格利茨导师接着说："所以呀，既然美元只能花在美国身上，不能放到中国市场流通，那有什么办法把这笔美元花得更有价值呢？答案就是买美国国债！你们想呀，大量的钱放在手里花不出去，还不如借给美国，收点儿利息！"

大家都笑了，斯蒂格利茨导师到底是中国人还是美国人呀，怎么给人一种很熟悉中国的感觉呢？

斯蒂格利茨导师笑着说："中国美元多呀，所以就成了美国国债的最大持有国之一。如果中国不买美债，美国就会提高收益率，吸引别的国家来买；如果大家都不买，我就制造通货膨胀抵消债务！所以呀，中国不得不买美债。”

大家都发出了啧啧的声音，看来中国买美元是势在必行呀。斯蒂格利茨导师笑眯眯地说：

“还不止如此呢，大家知道，美国有钱呀，富裕，稳定，所以美元也相当稳定。虽然小波动还是有的，但却无伤大雅。各位想想，如果是你买国债，是买一个稳定的大国的国债，还是买一个战乱不断的小国的国债？”（如图 16-4 所示）

图 16-4　大国国债与小国国债

大家愣了一下，买哪个不都能赚钱吗？

斯蒂格利茨导师无奈地解释道：“这么跟大家说吧，你有钱了，是想借给一个信誉良好、每月都有稳定收入的邻居，还是想借给一个没工作、吃了上顿没下顿的邻居？”

这回，大家都异口同声地做了回答：“当然是借给第一位邻居了！”

斯蒂格利茨导师笑着说：“没错，大家可以想想，如果把钱借给一个战乱不断的小国家，你今天把钱借出去，可能第二天他们就换了一个新政府，新政府若不替上届政府还债，你这笔钱可就收不回来了！”

大家立马摆手道：“还是借给美国吧，借给美国才是上佳之选！”

斯蒂格利茨导师笑着说：“既然大家明白了中国借钱给美国的原因，也要知道美国为什么需要借钱。”

王一一想，也对啊，美国这么有钱，为什么还要跟中国借钱呢？

斯蒂格利茨导师颇为无奈地说：“各位都知道，美国人的福利那是相当好。但是，各种福利加在一起，也造成了美国的财政赤字！”

王一知道，美国人无论是医疗还是就业，都有着极大的社会保障。这对美国政府而言，无疑是笔巨大的开销。

斯蒂格利茨导师接着说道：“还有啊，美国文化与中国不同，我的老乡萨缪尔森导师应该跟大家说过，美国人是热衷花明天钱的。这种负债消费文化，从美国建国伊始就存在了。”

学生们不由得想到了萨缪尔森导师的话，美国人喜欢贷款，喜欢信用卡，他们已经不是月光族了，而是月负族。

斯蒂格利茨导师说道：“各位可以想想，美国人都靠信用负债消费，没有存钱的习惯。大量的债务逼着美国发展资本市场，这必然需要庞大的资金作负债消费的后盾。

还有一点比较有趣的，”斯蒂格利茨导师笑道，“各位知道，美国是靠选举产生总统的。所以，历届总统候选人为了拉选票，不得不向选民们承诺一些福利条件。这些条件的兑现，也是需要大量资金做基础的！”

学生们都笑了，课堂上呈现出轻松欢快的氛围。

“好了，亲爱的学生们，本人今日之课，到此就要结束了，”斯蒂格利茨导师放下了笑容，换上了一脸认真的表情，“所有的经济学课程，到此也已经全部落幕。”

“唉——”在场的学生们都发出了不舍的叹息。斯蒂格利茨导师重新换上了笑容：“可是，各位还是有收获的，是吗？”

学生们拼命地点头，是啊，从威廉·配第导师，到最后一课的斯蒂格利茨导师，这16位著名的经济学家，无一不存在于大家的脑海里。

上第一堂课之前，王一只是一个初涉经济的“小白”，但如今，他已经能跟专业课导师进行更深入的交流了。所有这一切，都归功于16位伟大的经济学家！

斯蒂格利茨导师再次鞠了一躬，教室里响起了雷鸣般的掌声。

参考文献

[1] 钟伟伟 . 经济学原来这么有趣 [M]. 北京：化学工业出版社，2013.

[2] 钟伟伟 . 经济学原来这么有趣 Ⅱ [M]. 北京：化学工业出版社，2015.

[3] （美）泰勒 . 斯坦福极简经济学 [M]. 林隆全，译 . 长沙：湖南人民出版社，2016.

[4] 薛兆丰 . 经济学通识（第二版）[M]. 北京：北京大学出版社，2015.

[5] （美）罗伯特·弗兰克 . 牛奶可乐经济学 [M]. 闾佳，译 . 北京：北京联合出版公司，2017.

[6] （韩）柳泰宪 . 在小吃店遇见凯恩斯 [M]. 徐若英，译 . 成都：四川人民出版社，2016.

[7] 李子旸 . 经济学思维 [M]. 北京：中国友谊出版社，2016.

[8] （美）曼昆 . 经济学原理（第 7 版）[M]. 梁小民，梁砾，译 . 北京：北京大学出版社，2015.

[9] （美）冯·诺伊曼，（美）摩根斯坦 . 博弈论与经济行为 [M]. 王建华，顾玮琳，译 . 北京：北京大学出版社，2018.

[10] 熊彼特 . 十位伟大的经济学家：从马克思到凯恩斯 [M]. 贾拥民，译 . 北京：中国人民大学出版社，2017.

[11] 麦子 . 给你一双经济学家的慧眼 [J]. 中国合作经济，2009（12）.

[12] 荆墨 . 经济学大师的灵魂 [N]. 经济参考报，2015.07.01（008）.

[13] 王兴康 . 买卖竞争与价格歧视 [N]. 深圳特区报，2016.09.20（B10）.

[14] 张婷 . 只买对的，不买贵的 [N]. 山西日报，2019.09.10（009）.

[15] 王中保，程恩富 . 马克思主义经济危机理论体系的构成与发展 [J]. 经济纵横，2018（03）.

[16] 刘笑诵 . 我国货币供应量与通货膨胀关系的实证研究 [J]. 中国商贸，2011（33）.

[17] 孙国峰 . 货币创造的逻辑形成和历史演进——对传统货币理论的批判 [J]. 经济研究，2019（04）.